Emil Theodor Granz

Über die Quellengemeinschaft des mittelanglischen Gedichtes Seege

oder batayle of Troye

Emil Theodor Granz

Über die Quellengemeinschaft des mittelanglischen Gedichtes Seege
oder batayle of Troye

ISBN/EAN: 9783743627000

Hergestellt in Europa, USA, Kanada, Australien, Japan

Cover: Foto ©ninafisch / pixelio.de

Weitere Bücher finden Sie auf **www.hansebooks.com**

ÜBER DIE QUELLENGEMEINSCHAFT DES MITTELANGLISCHEN...

Emil Theodor Granz, Konrad (von Würzburg)

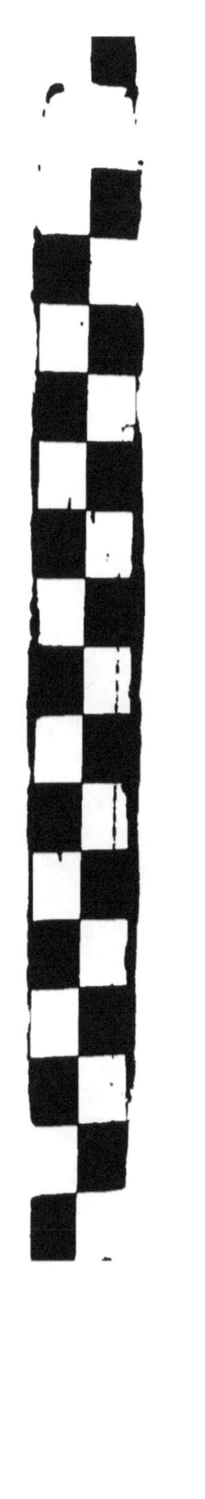

Über die

Quellengemeinschaft

des mittelenglischen Gedichtes

Seege oder Batayle of Troye

und des mittelhochdeutschen Gedichtes

vom trojanischen Kriege

des

Konrad von Würzburg.

Inaugural-Dissertation

zur

Erlangung der philosophischen Doktorwürde

an der

Universität Leipzig

vorgelegt

von

Emil Theodor Granz.

Reudnitz-Leipzig.
Druck von Max Hoffmann.
1888.

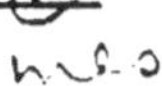

STANFORD UNIVERSITY
LIBRARIES

Inhalt.

STANFORD UNIVERSITY
LIBRARIES

Inhalt.

Die Hauptquelle für Konrads Gedicht vom trojanischen Kriege [1]) ist bekanntlich der altfranzösische Trojaroman des Bénoît de Ste. More.[2]) Daher deutet der Titel vorliegender Schrift zunächst an, dass wir Zietsch[3]) nicht beistimmen, der das oben näher bezeichnete mittelenglische Gedicht mit Entschiedenheit eine Bearbeitung der historia de excidio Troiae des Dares Phrygius [4]) genannt hat. Schon Greif [5]) erachtete Zietsch's Behauptung für unhaltbar und stellte daher eine Untersuchung über das Verhältnis des me. Gedichtes zu B.'s Trojaroman an. Das Ergebnis seiner Forschung war folgendes: „Der Verfasser des me. Gedichtes benutzte im wesentlichen unseren*) Dares, ... ausserdem, besonders zu Anfang, den altfrz. Roman de Troie von B." Greif hat folgende Übereinstimmungen zwischen dem me. und dem altfrz. Gedichte entdeckt:

L (= Lincoln's Inn MS.) } H (= Harl. MS.) } VV. 17—18 =	B. VV. 114—16
L, H. VV. 26—30 =	B. VV. 715—21
„ „ VV. 31—32 =	B. VV. 801—2
H. V. 62 =	B. V. 967
L. VV. 83—4, H. VV. 73—4 =	B. VV. 971—2
L. VV. 325—6, H. VV. 285—6 =	B. VV. 3183—4
L. VV. 467—8 =	B. VV. 3849—50
L. VV. 473—4 =	B. VV. 3853.

[1]) Herausgegeben von A. v. Keller, 1858.

[2]) Herausgeg. v. A. Joly, 2 Bde., Paris 1870.

[3]) A. Zietsch, über Quelle und Sprache des me. Gedichtes Seege oder Batayle of Troye, Göttinger D. D., Kassel 1883; s. S. 6; ferner Herrigs Archiv, 72. Bd., S. 12 u. ff., der von Dr. Zietsch besorgte Textabdruck der „zwei me. Bearbeitungen der hist. etc. des Phrygiers Dares" nach Harl. 525 und Lincoln's Inn 150; über die dritte Hs. vergl. Kölbings Englische Studien, VII. Bd. S. 193, wo Kölbing die Hs. des Duke of Sutherland beschreibt: „The batell of Troye, vollständig auf fol. 111b—134a. Die zweite hälfte der seite ist mit schreibproben und schmierereien gefüllt. Die rückseite des blattes ist leer gelassen." Die von Kölbing daselbst angekündigte Herausgabe des Gedichtes nach dieser Hs. ist bis jetzt noch nicht erfolgt.

[4]) ed. F. Meister, Lipsiae, 1873.

[5]) W. Greif, die mittelalterlichen Bearbeitungen der Trojanersage u. s. w., Bd. LXI von Stengels Ausgaben und Abhandlungen u. s. w., Marburg 1886; s. SS. 158—63.

*) Im Gegensatz zu der Vermutung, dass es im MA. einen längeren Dares gegeben habe.

L. hat 1988, H — 1922 Verse, so dass Greif für beinahe den vierten Teil des me. Gedichtes die Vorlage des altfranzösischen Trojaromans von B. wahrscheinlich gemacht hat. Zwar waren auch Zietsch[5]) manche der von Greif angedeuteten Übereinstimmungen des me. mit dem altfrz. Gedichte aufgefallen. Er erklärte sie aber aus der Benutzung derselben lateinischen Quelle von Seiten des me. und des altfrz. Dichters und sprach ihnen darum jede Beweiskraft für die Benutzung des altfrz. Trojaromans durch den me. Dichter ab. Die Hinfälligkeit von Zietschs Behauptung, dass die Kürze des me. Gedichtes gegen die Vorlage des altfrz. Trojaromans spreche, ist bereits von Greif dargelegt worden. Wir geben jedoch zu, dass die eben angedeutete Eigenschaft des me. Gedichtes dessen Zurückführung auf seine wahre Quelle ungemein erschwert. Nicht weniger haltlos ist die andre Ansicht Zietschs, wonach wir uns deshalb für die Vorlage des Dares zu entscheiden hätten, weil sich beide Hss. des me. Gedichtes — L. V. 20, H. V. 18 — als eine Übersetzung des Dares bezeichneten, während das Zugeständnis einer französischen Vorlage durch die Hs. H. V. 1522 — So it is in frenshe fownde — von der Hs. L nicht geteilt würde. Nehmen wir aber mit Zietsch[6]) an, dass die eine me. Hs. der andern nicht als Vorlage gedient hat, dass beide auf ein gemeinsames englisches Original zurückgehen, dass dieses durch die Hs. H besser wiedergegeben wird, als durch die Hs. L, so können wir nicht verlangen, dass V. 1522 der Hs. H. auch in der Hs. L vorhanden sein muss. Übrigens scheinen uns doch die folgenden Verse aus der Hs. L auf eine gereimte, jedenfalls französische Quelle hinzuweisen —

V. 198: þeo romaunce me doþ to undurstande;
„ 215: . . . we fynden in ryme;
„ 621: As we fynden in oure ryme.

Zweifellos war im englischen Original der französischen Vorlage gedacht worden. Für die Annahme einer altfrz. Vorlage muss uns von vornherein schon die Thatsache gewinnen, dass die meisten epischen Dichtungen der me. Periode auf altfrz. Quellen zurückgehen. Was ferner die Berufung auf Dares anlangt, so ist dieselbe durchaus nicht massgebend. Es sei hier daran erinnert, dass Guido di Colonna[7]) in seiner historia destructionis Troiae nirgends B's Roman, der doch seine Hauptquelle war, genannt, mit Vorliebe sich aber auf Dares berufen hat, den er nur wenig benutzte. Man hat sogar behauptet, dass Guido des Dares Historia überhaupt nicht gekannt habe.[8])

---

[6]) daselbst s. S. 4.

[7]) s. Greif, SS. 58—62.

[8]) s. R. Barth: Guido de Columna, Leipziger D. D. 1877; S. 18; dagegen Greif S. 62.

Eine andere Angabe über die Quelle des me. Gedichtes finden wir noch in der Hs. H. V. 1701: As bokes of gramer berith witnesse. Wir können sie in Bezug auf das ihr Vorangehende und Folgende nur als eine leere Phrase betrachten.

Wäre die von Zietsch aufgestellte Behauptung, dass der me. Dichter B.'s Roman nicht gekannt habe, richtig, so gehörte unser me. Dichter nicht zu den unbedeutenden. Denn aus Dares konnte er sich wenig holen. Dort fand er nur ein Verzeichnis von Thatsachen und ein Heer von Namen. Die Schilderung, insbesondere die Schlachtengemälde, musste er selbst liefern. Greif hat zuerst, wenn auch nur z. T., das Ansehen des me. Dichters erschüttert. Denn wenn er nur für den vierten Teil des me. Gedichtes den Einfluss B's entdecken konnte, so musste er dem Dichter noch ein grosses Mass von Selbständigkeit zuerkennen. Liess er ihm doch das Wichtigste, nämlich die Schlachtgemälde, die Darstellung der langjährigen Kämpfe vor Troja! Wir haben es daher für zweckmässig erachtet, nochmals eine Untersuchung über das Verhältnis des me. Gedichtes zur Darstellung B.'s anzustellen, um zu beweisen, dass das ganze me. Gedicht aus dem Trojaromane B.'s hervorgegangen ist. Die Lösung dieser Aufgabe wird im ersten Teile dieser Abhandlung gegeben werden.

Da nun der Anschluss Konrads an B.'s Darstellung bereits erwiesen ist, so werden wir im zweiten Teile unsrer Abhandlung die dem me. und dem mhd. Gedichte gemeinsamen Abweichungen von B.'s Darstellung und die ihnen gemeinsamen Zusätze einer eingehenden Betrachtung unterwerfen, um zu erörtern, ob jene gemeinschaftlichen Abweichungen und Zusätze auf Rechnung der Übersetzer B.'s gesetzt werden müssen oder in einer dem me. und dem mhd. Dichter vorliegenden Fassung des Trojaromans von B. schon vorhanden gewesen sind. Wir werden also die Frage zu beantworten haben, ob es eine im Sinne Konrads und des me. Dichters erweiternde Bearbeitung des altfrz. Trojaromans von B. gegeben hat. Diese Frage haben Cholevius[9]) und Dunger,[10]) welche allerdings auf die Kenntnis des konradischen Gedichtes beschränkt waren, verneint. Sie fanden hinsichtlich der Zusätze Konrads Anschluss an die antiken Vorlagen — Ovid, Statius — zu eng, um eine vermittelnde französische Vorlage annehmen zu können. Selbst der bescheidene Einwurf, dass Konrad durch einen spärlich interpolierten Trojaroman des B. wenigstens die Anregung zur Einführung neuer Episoden em-

---

[9]) C. L. Cholevius, Geschichte der deutschen Poesie nach ihren antiken Elementen, 1. T., Leipzig 1854; s. S. 143 u. f.

[10]) Dunger, die Sage vom trojanischen Kriege i. d. Bearbeitungen des Ma., Dresden 1869; s. S. 57.

pfangen haben könne, ist unnötig, nachdem Dunger geltend gemacht hat, dass K. jene Anregung ebensogut durch des Statius Achilleis erhalten konnte, wo der Traum der Hecuba — I, 22, die Hochzeit des Peleus und der Thetis — II, 342, das Parisurteil — II, 386 — angedeutet und die Weissagung des Proteus über den Tod des Achilles — I, 25—36, sowie die ganze Jugendgeschichte des Achilles einschliesslich des Berichtes über die List des Ulixes am Hofe des Lycomedes mitgeteilt werden. Gleichwohl sprach nach Dunger Meister[11]) die Ansicht aus, dass Konrad ausser B.'s Roman noch eine andere französische Vorlage zur Hand gehabt habe. Leider hat er seine Behauptung durch keine Beweisgründe gestützt. Letztere waren vielleicht dieselben, welche neuerdings Greif[12]) veranlassten, für die Beschreibung der Hochzeit des Peleus und der Thetis, des Traumes der Hecuba, der Jugendgeschichte des Paris und des Parisurteiles eine mittelalterliche lateinische Quelle zu vermuten. Eine erweiternde Bearbeitung des altfranzösischen Trojaromans von B., wie wir sie als Quelle des mhd. und des me. Gedichtes annehmen wollen, ist allerdings bis zu dieser Stunde nicht bekannt. Dass es eine solche gegeben hat, ist keineswegs unmöglich. Hierfür spricht die Gestalt der Hs. G[13]) des Trojaromans von B. Der Schreiber derselben, ein gewisser Jehans Malkaraume, hat zunächst in der Absicht, sich die Verfasserschaft des berühmten Werkes zuzueignen, überall B.'s Namen durch den seinigen ersetzt. Von den mehr als 700 Versen der Einleitung des Originals behält er nur 50 bei. Er schliesst mit dem Berichte des Todes der Polyxena und Hecuba, also mit V. 26,484 des Originals*), das bekanntlich 30,108 Verse zählt. Wie Malkaraume im Übrigen mit dem Originale verfahren ist, darüber bemerkt Joly: il continue à rayer tantôt quelques vers, tantôt des passages entiers, et juspu' à des centaines de vers à la fois . . . abrège les descriptions et les discours . . . Parfois il éprouve le besoin de compléter son auteur en intercalant . . . des morceaux de sa composition, où il fait preuve de lectures. So schiebt M. nach V. 3966 des Originals eine längere Rede der Hecuba ein und erzählt im Anschluss an Ovids Her. XVI und V den Traum der Hecuba und eine Episode aus der

[11]) s. o praefatio XXXV: Contra quod ex accurata comparatione apparet Benedictum secutus est, in multis tamen sine dubio alium fontem Francogollicum, non quidem Malkaraumium, quocum in quibusdam consentit.

[12]) s. o SS. 94—103.

[13]) s. Joly, 2. Bd. S. 405 u. ff.

*) Die Mitteilung hiervon wurde mir durch die Güte des Herrn Dr. Grünberg, damals in Paris.

Jugendgeschichte des Paris.[14]) Weitere 29 Verse[15]) schaltet er nach V. 22,519 ein, um seine Kenntnis der Achilleis des Statius zu zeigen. Freilich war diese Kenntnis eine sehr unsichere. Denn M. bringt die List des Ulixes mit Neoptolemus, dem Sohne des Achilles, in Verbindung. Die Interpolationen des Malkaraume werden uns im zweiten Teile der Abhandlung nochmals beschäftigen. Doch wollen wir gleich hier bemerken, dass die Hs. G des Trojaromans von B. nicht die Quelle ist, welche wir suchen.[16])

Wir werden im Verlaufe unserer Untersuchung hauptsächlich von der Hs. H. des me. Gedichtes ausgehen, weil diese nach Zietsch sowohl der ursprünglichen Fassung näher steht, als auch, wie wir sehen werden, für unsre Zwecke mehr geeignet ist, als die Hs. L. Wünschenswert wäre natürlich die Kenntnis der dritten Hs. gewesen. Nach Kölbings Mitteilungen[9]) scheint diese Hs. die kürzeste von den dreien zu sein. Die Hs. H. ist von uns eingesehen worden. Das Wenige, worin wir mit Zietsch hinsichtlich des Textes nicht übereinstimmen, wird den Anmerkungen zugewiesen werden. Zietsch hat nicht darauf aufmerksam gemacht, dass die Hs. H. das Gedicht in 24 Abschnitte teilt und den Beginn eines jeden durch eine mit schwarzen und roten Linien verzierte Initiale anzeigt. Diese Einteilung ist zum grossen Teil berechtigt, wie wir im Folgenden kurz andeuten werden. Einer ausführlichen Inhaltsangabe glaubten wir nach dem Vorausgange der Arbeiten von Zietsch und Greif, sowie besonders aus dem Grunde überhoben zu sein, weil wir im Verlaufe unserer Quellenuntersuchung den Inhalt des Gedichtes zur Genüge kennen lernen werden.

Abschnitt I — VV. 1—20 — Einleitung: Es wird auf den Gegenstand des Gedichtes hingewiesen, als Quelle des Dares Historia genannt.

Abschnitt II[17]) — VV. 21—62: Jason begiebt sich mit Hercules auf Anraten des Pelias nach dem trojanischen Gestade, um das goldne Vliess zu gewinnen.

Abschnitt III[17]) — VV. 63—120: Die Griechen räumen auf Befehl des Königs Laomedon das trojanische Gebiet und rufen ihre Landsleute zur Rache gegen die Trojaner auf. Eine griechische Kriegsflotte landet alsbald vor Troja.

---

[14]) Mitgeteilt bei Joly, 1. Bd., 2. T., S. 13.

[15]) s. Joly, 1. Bd. 2 T., S. 408 u. f.; eine weitere umfangreiche Interpolation, welche für uns jedoch gänzlich wertlos ist, ist abgedruckt auf S. 403.

[16]) s. Anm. 11; über den Anschluss Greifs, s. Greif, S. 94.

Abschnitt IV[17]) — VV. 121 — 84: Troja wird zum ersten Male zerstört. Laomedon wird getötet, seine Tochter Hesiona entführt.

Abschnitt V — VV. 185—238 — umfasst 1) die Klage des Priamus, Laomedons Sohnes, der während der Katastrophe in der Provinz weilte, über das Unglück seiner Vaterstadt, 2) den Traum der Hecuba und die Jugendgeschichte des Paris.

Abschnitt VI — VV. 239—374. Paris kehrt nach Troja zurück, das neu aufgebaut und stark befestigt wird. Da die Griechen der Forderung des Priamus, seine Schwester Hesiona zurückzugeben, nicht nachkommen, beschliessen die Trojaner den Krieg, mit dessen Führung Hektor auf eignen Wunsch betraut wird.

Abschnitt VII — VV. 375—486: Paris beansprucht die die Leitung des Krieges, da er infolge der Entscheidung des Streites um den goldnen Apfel auf Unterstützung von Seiten der Venus hoffen darf. Ihm überträgt Priamus die Führung des Feldzuges, obgleich seine übrigen Söhne abraten.

Abschnitte VIII — VV. 487—570 — und IX — bis V. 660 — berichten über die Erfolge des Paris, die in der Entführung der Helena gipfeln.

Abschnitt X — VV. 661—812: Zum Zwecke der Wiedereroberung seiner Gattin sammelt Menelaus eine mächtige Flotte, befragt durch Ulixes das delphische Orakel über den Ausgang des bevorstehenden Krieges, macht seinen Bruder Agamemnon zum Feldherrn. Die Griechen landen alsbald vor Troja.

Abschnitt XI — VV. 813—68: Da Priamus den Griechen die Herausgabe der Helena verweigert, beginnt der Kampf.

Abschnitt XII — VV. 869—1016 — berichtet über das 2., 3. und 4. Kriegsjahr: Hektor und Paris sind die Hauptheiden. Jener erschlägt Protesilaus—Portuslay[18]) — und Patroclus—Padradod. Paris verwundet Menelaus und Agamemnon. Menelaus bezeichnet im Kriegsrate als den Hauptzweck der kommenden Schlacht die Vernichtung Hektors. Palamedes—Palmydes — entgegnet, dass Hektor nur von Achilles besiegt werden könne.

Abschnitt XIII[17]) — VV. 1017—1126: Nachdem Palamedes in Kürze die persönlichen Verhältnisse des Achilles beleuchtet hat, gehen griechische Gesandte zum Könige Lycomedes, um Achilles herbeizuholen.

Abschnitt XIV — VV. 1127—1210: Sobald Achilles im griechischen Lager angekommen ist, wird der Kampf wieder

---

[17]) Der Beginn dieses Abschnittes wird i. d. Textausgabe von Zietsch nicht angezeigt.

[18]) Nicht: Portuflay, wie Zietsch annimmt.

aufgenommen. Hektor bleibt infolge des ahnungsvollen Traumes seiner Gattin und auf Befehl seines Vaters zu Hause. Achilles verrichtet Wunder der Tapferkeit. Die Griechen fliehen.

Abschnitt XV — VV. 1211—68: Hektor stürzt sich nunmehr in die Schlacht. Der gewaltige Zweikampf zwischen ihm und Achilles bleibt an diesem Tage unentschieden.

Abschnitt XVI — VV. 1269—1324:[19]) Hektor hat den Griechen Annys erschlagen und steigt vom Rosse, um jenem die prächtige Rüstung abzunehmen. Achilles überfällt und tötet ihn. Die Schlacht nimmt sofort ein Ende. Priamus beklagt den Verlust seines Sohnes.

Abschnitt XVII — VV. 1325—42: Polyxena weint einsam am Grabe des Bruders, welches sich ausserhalb der Festungsmauer befindet.

Abschnitt XVIII — VV. 1343—1420: Achilles verliebt sich in die Königstochter und wirbt durch einen Boten um ihre Hand. Priamus erklärt, den Wunsch des Achilles gewähren zu wollen, sobald Achilles sein Versprechen, ewigen Frieden herbeizuführen, thatsächlich eingelöst haben werde. In diesem Sinne verhandelt Achilles leider erfolglos mit Menelaus, bleibt deshalb dem Kampfe fern.

Abschnitt XIX[17]) — VV. 1421—58: Die Trojaner erringen unter der Führung des Paris und Troilus einen vollständigen Sieg über die Griechen, plündern das Lager und stecken die Schiffe in Brand.

Abschnitt XX[17]) — VV. 1459—1538: Neidisch auf den Ruhm des Troilus beteiligt sich Achilles wieder am Kampfe und tötet den Troilus.

Abschnitt XXI[17]) — VV. 1539—1602: Der Schmerz über den Verlusst ihrer Söhne bringt Hecuba auf den Gedanken, Achilles durch Verrat umzubringen. Sie lässt an ihn die Einladung ergehen, nach Troja zu kommen, damit er Polyxena zur Gattin erhalte.

Abschnitt XXII[17 u. 20]) — VV. 1603—69: Achilles kommt mit nur einem Begleiter in den Tempel. Als er hier niederkniet, verwundet ihn ein Trojaner an den Fusssohlen, der einzig verwundbaren Stelle seines Körpers — nach XIII und XXI. Die versammelten Ritter stürmen auf die beiden Griechen ein, die nach heldenmütiger Verteidigung tot zusammensinken. Paris misshandelt und schmäht den Leichnam des Achilles.

Abschnitt XXIII — VV. 1670—1848: Der Kampf wird wieder eröffnet und mit gesteigerter Erbitterung geführt. Paris

---

[19]) Zietsch nimmt schon nach V. 1304 den Beginn eines neuen Abschnittes an.

[17] u. [20]) Die verzierte Initiale befindet sich i. d. Hs. erst in V. 1604.

und Ajax töten sich gegenseitig. Die Griechen ziehen einen engen Belagerungsring um die Stadt. Priamus fordert die Seinen auf, den Kampf mutig fortzusetzen. Antenor und Aeneas aber verraten die Stadt an die Feinde. Neoptolemus wird mit der Leitung des Überfalles betraut.

Abschnitt XXIV — V. 1849 u. ff.: Troja wird samt seinen Bewohnern von der Erde vertilgt. Die siegesfrohen Griechen kehren in dio Heimat zurück.

Schon aus vorstehendem Inhaltsverzeichnis wird ersichtlich geworden sein, dass durch die Einschiebung der Achilleepisode die Anlage des me. Gedichtes sich z. T. von derjenigen des Roman de Troie des B. entfernt hat. Dieser Umstand hat uns zuerst auf die innige Verwandtschaft des me. Gedichtes mit demjenigen Konrads von Würzburg aufmerksam gemacht.

Wir können nunmehr mit der Lösung der uns gestellten Aufgabe beginnen.

I. Verhältnis des me. Gedichtes Seege oder Batayle of Troye zum Roman de Troie des Bénoît de Sainte-More.

Schon in der Einleitung des me. Gedichtes bemerken wir Anklänge an B.'s Darstellung.

B. V. 97:	H. V. 7:
Por ço qu'il si grant vit l'affaire,	For soche a werre as it was
Que ainz ne puis ne fu nus maire.	Neuer is nor neuer was.

Des Dares Erzählung ist der Bericht eines Augenzeugen und ursprünglich griechisch geschrieben —

B. V. 100:	H. V. 16:
En gregois en escrit l'estoire.	In grew he wrot it eueri dele
	H. 15:
Chascon jor issi l'escriveit	He sawe þe ende and þe order
Com il a ses ielz le vceit	of þat batayle.

Für VV. 17—32 ist der Anschluss an B.'s Darstellung bereits von Greif nachgewiesen worden. Dass aber Dares zugleich vorgelegen, geht aus H. V. 25 hervor, wo es von Pelias — Pelles — heisst: he was kyng of Pelpeson, wie in der Hs. G des Dares: rex fuit in pelopeneuso (sic!). B. erwähnt den Peloponnes nicht. Der me. Dichter aber hat, wie wir weiterhin sehen werden, gerade Dares G benutzt.

Wie B., so zeigt auch der me. Dichter grosse Vorliebe für die direkte Redeweise, und fast in allen Reden ist B.'s Einfluss leicht zu erkennen. Weniger ist nun dies der Fall hinsichtlich der Rede des Jason an seinen Neffen. Der Pelias des me. Gedichtes setzt nicht sein Reich zur Belohnung der kühnen That aus. Der me. Dichter kennt auch Colchis nicht.

B. V. 823:	H. V. 37:
S'estoies si prouz ne si os,	And wuldest þou with summe gynne
Que tu la toison de Colcos,	That wonder fell from him[21]) wynne
Qui est de fin or sans dotance,	And bryng me that fell of gold,
827:	
Poïssez por nul sen aveir.	
Se tu la toison puoz aveir,	Thy whyle shuld bene well i yold.[22])
De mon regne te ferai eir.	

---

[21]) dem Könige Laomedon von Troja, s. H. V. 34.
[22]) Bei Zietsch fehlt i.

Jason erklärt sich bereit, das goldne Vliess zu holen —

B. V. 873:	H. V. 42:
Là irrai gie . . .	I wulle do þat I kunne[23])
Molt volentiers, vez m'en tot prest.	Among þe Troyeaunce I wolle gonne.
877:	
O me s'en viendra la toisons,	And if I may manly and well
Ja n'iert si gardé li moltons.	Bryng I wull þe gylden fell.

Darauf lässt Pelias ein stattliches Schiff bauen und dasselbe wohl ausrüsten —

B. V. 880:	H. V. 48:
Mander et querre fet Argus.	And clepeth his carpenters eueri chone
886:	
Préié li a et comandé,	And bad hem . . .
C'une nef seit fete et hastée	A nobill shep for Jason to make.
Fort et siglanz . .	
951:	H. V. 51:
Garnir la fist Peléus bien,	And whanne þe shypp was redy wrought
Ne lor defailleit nul rien.	Sir Jasonne foryettet nought.

Auserwählte Mannen begleiten Jason —

B. V. 925:	H. V. 57:
Des plus prouz et des plus vaillanz.	. . . hardy and hende.

Von ihnen wird Hercules genannt, was bei Dares, I, nicht geschieht —

B. V. 957:	H. V. 55:
Ensemble o els vait Ercules.	He taketh with him sir Ercules.

Günstige Winde beschleunigen ihre Meerfahrt —

B. V. 961:	H. V. 60:
La veile ont fete el masc drescier,	Arerith seyle and
963:	
Donc comenciérent à sigler	gyneth gonne.
A haltes veilles par la mer.	Ouer þe se the wynde hem dryves
967:	
Arrivèrent as porz de Troie.[24])	And att the havon of Troye aryves.

Wiederholung in VV. 113—14.

Laomedon lässt die Fremdlinge aus seinem Reiche ausweisen —

B. V. 989:	H. V. 63:
Li reis de Troie Laomedon —	The kyng of Troye Sir Lamatan
1001:	
Laomedon fu de grant sens —	He was a wonder wyse man

[23]) opt. praes.; „kanne“ — bei Zietsch — ist unwahrscheinlich

[24]) Dieser V. ist bereits von Greif herangezogen worden.

990:	
A oï dire que . . .	He herd telle that
994:	
. . de Grece des pluz esliz	men of Greke beth
Sont de lor tere ça venu.	In to his lond com and þer in entreth.

Die Griechen sollen bei Gefahr ihres Lebens das Land sofort verlassen —

B. V. 1039:	H. V. 71:
Issiez vos en grant aléure,	He bad hem thens swythe gone
Ainz qu'il vous face altre ledure.	
1043:	
Ne porreiz puis un sol bailler	Or þey schuld dye euerichon.
Que tot nel fist detrenchier.	

Die Schilderung des Eindruckes, welchen Laomedons Bescheid auf die Griechen hervorbringt, lehnt sich vorwiegend an Dares, II, an —

	H. V. 73:
Jason et qui cum eo venerant	Sir Ercules and Jason also
	In to þat lond were comyn þoo [24])
graviter tulerunt . . . sic se	Of þe kyng they were sore agreved
	77:
ab eo tractari,	To be so rebuked of a kyng.
	H. V. 78:
cum nulla ab eis iniuria facta esset.	So as þey mysdeden nothyng.

Gleichzeitig ist der Einfluss B's bemerkbar. So werden die Worte des Dares „graviter tulerunt" weiter ausgeführt —

B. V. 1047:	
Jason . .	H. V. 76:
Grant ire en ot	. . of his wordes sore ashamed
	75:
et grant pesance.	Of þe kyng they were sore agreved
	77:
„Grand honte nus a fet li reis.	To be so rebuked of a kyng.
1064:	
Damage . .	
Ne volions fere en sa terre."	So as þey mysdeden nothyng
1113:	
Ni oserent plus remaneir.	To dwell lenger it vaileth nought
En lor nef entrerent . . .	
De la contrée s'esloignièrent.	They turned her shep and cast abought.

Der me. Dichter kennt weder Colchis noch Medea. Letztere erwähnt auch Dares nicht. Die Heimfahrt der Griechen schildert aber der me. Dichter im Anschluss an B.'s Darstellung der Fahrt nach Colchis —

B. V. 1120:	H. V. 81:
Tant ont tiré as avirons	So long thei have her wey nome
1123:	
Qu'il arrivèrent en Colcon	Ayen to Grece they ben come.

Daher wird die Gewinnung des goldnen Vliesses mit der ersten Zerstörung Trojas — H. V. 177 — zusammengebracht. Bis dahin lässt der me. Dichter den Jason ganz bei Seite. Dieser löst Hercules im Kampfe gegen Laomodon ab — H. V. 145 u. ff. Die Leseart L des me. Gedichtes gedenkt im Berichte über die erste Zerstörung Trojas nicht des Jason. Hercules gewinnt das goldne Vliess — L. V. 179.

Sobald die Griechen in die Heimat zurückgekehrt sind, strengen sie sich an, einen Rachefeldzug gegen Troja zustandezubringen. Während nach B. Hercules zu diesem Zwecke eine Rundreise in Griechenland unternehmen muss, findet er nach dem me. Dichter die hervorragendsten Fürsten an ungenanntem Orte versammelt. So giebt es im me. Gedicht nur eine Rede und eine Gegenrede. Diese zeigt Anschluss an die Antwort des Castor und des Pollux bei B.; jene entspricht der Rede des Hercules vor Telamonius. Der letzteren Sinn ist:

Der Vorwurf der Feigheit muss die Griechen treffen, sobald sie nicht gegen die Trojaner zu Felde ziehen —

B. V. 2115:	H. V. 86:
Tote l'ovre li a retraite	And seyd lordyns all thus atte ende
Et la honte qui lor fu faite:	The kyng of Troye thus gan vs shend
2118:	91:
„donc en venez	And therfor helpith with socour
A Troie, car nos i alons.	
2121:	
Molt par seroit let et destros,	
	93:
Se nos i alons sanz vos	Or els the Troyens . . .
Molt iert honiz qui remaudra“.	Woll vs holde for losengers.

Die Fürsten entgegnen, dass sie an Laomedon Rache nehmen würden, wäre derselbe auch noch so mächtig.

B. V. 2099:	H. V. 98:
Li ont promis qu'o lui iront	And seyd they wold stoughtly,
	Among þe Troyens comen and gone
2103:	
Bien puet estre li reis seurs	Magre þe kyng sir Lymadone
Ja sië forz tors ne halz murs	. . · and all his
N'aura . . .	We well done that vs listis
. . . qu'à sa honte ne li vengent.	

Eine Kriegsflotte wird ausgerüstet —

B. V. 2163:	H. V. 107:
Al port fet traire XV nés:	They did (do orde)yn for hem selfe
De mas, de veiles, et de tres	Good new sheppis twelfe
Les appareillent et garnissent	And stoffed hem well and sure
Et de vitaille les enplissent.	With vittayl and good armore

Das Erscheinen der Griechen erfüllt die Trojaner mit Schrecken —

B. V. 2368:	H. V. 117:
Ço les a forment effréez.	The Troyens were . . .
	. . . of her comyng evel afrayed

Furchtbares Geschrei erhebt sich ausserhalb und innerhalb der Stadt —

B. V. 2369:	H. V. 118:
Li criz liève par lo païs.	Thorow out the cite the
2373:	
En la vile est li criz levez,	crye arose
Li plus séurs est effréez	That eche man of hem afferd was.

Sobald Laomedon die Ankunft der Griechen erfahren hat, zieht er ihnen mit seinen Mannen entgegen —

B. V. 2376:	H. V. 121:
Quant il oït conter et dire,	The kyng of Troye hathe vndertakyn
Que li Griu erent retorné,	That folke o Grece bene icomyn
Pol lui destruire et son regné,	And thenke þey will besegen him
Isnelement arme son cors,	Him silf armith him aryght
De la ville s'en issit fors	And all his meyne well idyght
O tant de gent com il ot.	. . . s ued þe kyng out of Town

Das Gefecht beginnt sofort —

B. V. 2389:	H. V. 131:
Et dès qu'il vindrent as espées,	Sone þey be to geder mette
Molt s'entredonent grant colées,	There was strokes well isette
	134:
La ot maint hialme decerclé,	And mony krounes all to crake
Et maint chevalier decolpé	Mony nobill men vnder sheld
2388:	
. . maint abatu et ocis.	Sone were slayn in þat feld.

Das übrige Schlachtgemälde ist nun scheinbar völlig abweichend von dem B.'s. Diese Meinung wird besonders durch den Umstand begünstigt, dass — in Hs. H. — Jason wieder unter den Streitern erscheint. Der Anschluss an B. liegt diesmal sehr versteckt. Um denselben aber aufzudecken, müssen wir die Darstellung des Zweikampfes zwischen Laomedon und Hercules einer eingehenden Betrachtung unterwerfen. Dieser Zweikampf setzt sich aus drei Hauptmomenten zusammen:

1) Hercules wird von Laomedon aus dem Sattel geworfen — H. VV. 139—44.
2) Laomedon und Jason kämpfen mit einander. Nachdem sie ihre Speere verstochen haben, schreiten sie zum Schwertkampf — H. VV. 145—53; nicht in L.
3) Unterdessen ist Hercules, der jedenfalls durch die Feinde bedrängt wurde, durch 200 griechische Ritter befreit und zu Ross gebracht worden, sprengt mit gefällter Lanze gegen Laomedon, durchbohrt ihm den Leib — H. VV. 154—65; nur z. T. in L.

B. schickt seinem äusserst kurzen Berichte über den Zweikampf zwischen den beiden genannten Helden einen umso längeren über eine Reihe von Zweikämpfen voraus, den wir ebenfalls einer Prüfung unterziehen wollen.

I. Kampf zwischen Laomedon und Nestor — B. V. 2471 u. ff.: Laomedon wird von Nestor aus dem Sattel geworfen.
II. Kampf zwischen dem Trojaner Cedar, der seinem Könige zu Hülfe kommt, und Nestor — B. V. 2493 u. ff.
III. Kampf zwischen Cedar und Castor — B. V. 2559 u. ff.:
   a. Castor eilt dem Nestor zu Hülfe und gerät unterwegs mit Cedars Freund Seguradan zusammen.
   b. Cedar sprengt zur Befreiung seines Freundes herbei, schleudert Castor aus dem Sattel und macht ihn zum Gefangenen.
   c. Pollux, 700 Ritter mit sich führend, befreit Castor, der dann wieder zu Ross steigt und am Kampfe teilnimmt.

Hieraus folgt, dass es dem me. Dichter an Vorbildern in seiner französischen Vorlage nicht gefehlt hat. Man wird vielleicht schon bemerkt haben, dass er sie wirklich benutzt hat. Nur die Namen der Kämpfenden sind im me. Gedicht andere geworden. Der 1. und. 2. Zweikampf stehen aber in demselben Zusamenhange wie I. und II. bei B.: Hercules hat die Rolle des Laomedon, dieser die Rolle Nestors übernommen. Jason ist B.'s Cedar. Im Übrigen ist die Situation ganz dieselbe wie bei B. Ferner herrschen zwischen dem 1. und 3. Zweikampf — den Kämpfen des Hercules mit Laomedon — dieselben Beziehungen wie zwischen den Kämpfen IIIb. und IIIc. bei B.

Laomedon erhält jetzt die Rolle Cedars, Hercules ist B.'s Castor. Hercules wird wie Castor von seinen Landsleuten aus harter Bedrängnis errettet, Hercules setzt sich, wie Castor, wieder auf sein Ross. Es ist ganz natürlich, dass er nun mit gefällter Lanze auf seinen alten Gegner lossprengt und ihm den Todesstoss versetzt. B. sagt dies nicht von seinem Castor, aber es ist selbstverständlich. Es sei sogleich hier bemerkt, dass sich keine Gründe gegen die selbständige Umgestaltung der Darstellung B.'s durch den me. Dichter beibringeu lassen. Denn Konrad von Würzburg hat eine derartige Änderung nicht vorgenommen. Sie war demnach in der dem me. und dem mhd. Dichter vorliegenden Fassung des Romans von B. nicht vorhanden.

Die Richtigkeit dessen, was wir oben über die Art und Weise der Umgestaltung der französischen Darstellung durch den me. Dichter gesagt haben, möge noch durch folgenden Textvergleich erhärtet werden.

Laomedon gegen Nestor — Laomedon gegen Hercules:

B.	H.
B. V. 2469:	H. V. 129:
Li reis le vit vers lui venir,	The kyng with Ercules mette
2472:	
Se vont granz cols entredoner	And hard strokes on him sette[25])
Cedar gegen Castor:	
B. V. 2564:	
De la lance trencha li fers,	And with a launce smote him þere
2567: l'a	That out of his sadill he ganne hym
— del cheval jus enversé.	bere.

Laomedon — Hercules wird auf den Sand geworfen:

B.	H.
B. V. 2485:	H. V. 143:
Puis l'a enpeint par tel vertu,	Sir Ercules for that dynt
Que del cheval l'a abatu.	Fille downe on þe pament.

Castor — Hercules befreit, steigt zu Ross:

B.	H.
B. V. 2589:	
Mes Pollus l'ot tost secoru.	
2595:	H. V. 154:
Set cent Grezeis de grant valor	There come of Grece to hundrid knyghtys.
2596:	
Lo sievent enprès en l'estor.	
2604:	
par esforz.	155:
Est Castor rescous et montez.	And brought on hors sir Ercules.

Der Kampf zwischen Hercules und Laomedon wird bei B. mit vier Versen abgethan. Hercules schlägt dem Laomedon das Haupt ab — s. B. VV. 2726—9.

Die Griechen dringen hierauf in die Stadt ein, morden und rauben. Dann kehren sie in die Heimat zurück, wo sie glücklich ihr Leben beschliessen:

---

[25]) s. H. VV. 131—2; B. VV. 2389—90.

B. V. 2766:	H. V. 179:
Et d'or et d'argent maint vaissel,	
Et maint cheval et maint ostor,	They token vessel armour and
Et maint riche drap de color,	cloth
En portèrent en lor contrée,	
2794:	
Si partirent des porz de Troie.	To the water forth þey gothe
Par mer siglèrent et nagièrent	And passed ouer the salt fome
Tant qu'en Grece repairièrent,	And eueri man went to his home
Grant joie en firent lor ami,	And make mery and slew care
2807:	
Onc puis povreté ne conurent	And loke how þey may best fare.

Ebenso wird die zweite Heimkehr der Griechen von Troja am Schlusse des me. Gedichtes geschildert: VV. 1911—16 = VV. 179—84. — Der me. Dichter verrät auch seine französische Vorlage, wenn er die Königstochter Hesione aus dem Palaste entfliehen lässt.[26]) Davon weiss Dares nichts. Nach B aber — s. V. 2749 — flüchten sich Frauen und Kinder in den Tempel. Dass die Griechen erst jetzt in den Besitz des goldnen Vliesses gelangen, ist schon früher erwähnt worden. Ferner ist zu bemerken, dass Greif[27]) den Irrtum des me. Dichters, wonach Hercules die Hesione mit sich führt,[28]) aus dem Missverständnis der VV. 2783—4 bei B. erklärt:

Cele en a Thelamon menée,
Danz Hercules li a donnée.

Die Einführung des Priamus geschieht in der Weise, wie es B. gethan hat. Dafür spricht schon der Umstand, dass beide Gedichte, das englische wie das französische, die Klage des Priamus über das Unglück seines Vaterlandes dem Wortlaute nach geben, und zwar in Form der direkten Rede. Dares[29] sagt einfach „graviter tulit“. Doch hat derselbe neben B. auch hier vorgelegen, wie H. V. 191 — In Fygry he dwelled tho — beweist. Denn B. nennt Phrygien an dieser Stelle nicht, wohl aber Dares:[29]) Priamus in Phrygia erat. Im Übrigen spricht für die französische Vorlage die Ähnlichkeit des wörtlichen Ausdrucks:

B. V. 2851:	H. V. 186:
Laomedon un filz aveit,	He had a sone left in þat reaulme
Riches, sage et prouz esteit,	His name sir Priamus he hitt
Et esteit appelez Priauz	He was a prince of myche myght
B. v. 2854:	191:
De sa feme avoit oü enfanz.	(In Fygry he dwelled tho)
En ost esteit loing del païs	His wyf and his childryn also

[26]) s. H. V. 172.
[27]) s. S. 160.
[28]) s. H. V. 175.
[29]) ed. Meister, s. S. 6, 1; S. 5, 18.

2858:	V. 195:
Et quant ço li fu annoncié,	Whan he vndirstode bothe all and sum
(Que Troie et tote la contrée	— Zuvor, sagt der Dichter, wusste Priamus nicht:
	V. 194 :
Estoit destruite, arse et robée,)	How the Troyens were down brought. —
	V. 196:
Et sis pere ocis (et sa mere)	His fader was slayn Sir Lymadon
Et ses serors et tuit si frere,	And his thre bredryn him by
Fors une sole, la plus sage,	And also his sistryn lad away.
Qui en fu menée en servage.	

B. erwähnt also hier, dass mit dem Vater auch sämtliche Brüder des Priamus im Kampfe erschlagen worden sind. Bei der Schilderung des Kampfes lässt darüber B. nichts verlauten. Wenn der me. Dichter — H. V. 162 — das Gegenteil thut, so könnte man glauben, dass er vorweg genommen habe, da von allen Dares-Hss. nur G [30]) die Brüder des Priamus gleichzeitig mit Laomedon getötet werden lässt. Der me. Dichter hat aber gerade Dares G benutzt, denn er sagt von Pelias — H. V. 25 — he was kyng of Pelpeson, ganz entsprechend Dares G: [31]) rex fuit in pelopenenso. — Nur noch Dares M kennt den Peloponnes, nennt aber Pelias nicht König. Da ferner B. die Dreizahl der Brüder nicht kennt, so steht ausser Zweifel, dass die Übereinstimmungen des me. Gedichtes mit Dares G auch wirklich aus der Benutzung der letzteren Hs. erklärt werden müssen.

Die Klage des Königs Priamus zeigt einen sehr freien Anschluss an B.'s Darstellung —

B. V. 2875:	H. V. 199:
Pere qui vos a mort.	Alas who hathe my fadir slauwe.
2898:	201:
Et si ont ma seror menée.	And raveshed my suster dame Ysyon.
2895:	
Toz les ont les Grezeis ocis.	Alas frendes nowe have I none.
2897:	
Tote ont destriute la contrée.	And treuwe Troye is þus distroyed.
2879:	
Assez plora et fist grant duol.	He sorowed ay and was anoyed.

Dass seine Brüder getötet worden sind, erwähnt der Priamus des B. nicht — H. V. 200; nicht in L.

[30]) s. Greif, S. 162; Dares ed. Meister, S. 5, 17 Anm.: Laomedontis filii qui cum eo fuerant occiduntur hypsipilus uolcontis ampitus — also drei Söhne.

[31]) s. Meister, S. 2, 1 Anm.; dazu oben S. 9.

Von den Kindern des Königs macht der me. Dichter nur die drei Söhne Hektor, Troilus und Paris namhaft und erzählt hierauf den Traum der Hecuba und die Jugendgeschichte des Paris — bis V. 246. Da diese Episode sich nicht bei B. findet, so fällt die Besprechung derselben dem zweiten Teile unserer Abhandlung zu.

Die me. Schilderung der neu aufgebauten Stadt regt äusserst wenig zu einem Vergleich mit derjenigen B.'s an. Erstere ist einmal sehr kurz — H. VV. 246—74; L. VV. 285—314. Dann bietet sie manches Neue dar. B. gedenkt nicht des Lohnes der Maurer — H. V. 253; nicht in L. — weiss nichts von einem Festungsgraben, der so breit und tief ist, dass grosse Schiffe zur Zeit der Flut darin fahren können — H. V. 264; nicht in L. — noch hebt derselbe hervor, dass die Stadt nur durch Verrat eingenommen werden könne — H. V. 273. Die Zugbrücken und Fallthore hat B. auch nicht erwähnt — H. V. 260. Nach H. V. 259 hat die Stadt 32, nach L. V. 293 jedoch 7 Thore, wie bei B. und Dares. Gewiss war es für den me. Dichter leicht, das Bild einer Festung sich nach eigner Anschauung zu entwerfen.

Nur in der Hs. L. des me. Gedichtes ist in Kürze der Königsburg Ilium gedacht. In einem der prächtigen Gemächer des Palastes stand ein Altar mit der vergoldeten Statue Jupiters. Der me. Dichter oder besser der Schreiber der Hs. L. nennt Jupiter einen „Mahomet, reich an Gold, Silber und Edelsteinen“. Mahomet kann aber im Mittelalter irgend ein Götzenbild, also auch eine Jupiterstatue bezeichnen.

Im Übrigen zeigt die Beschreibung Anschluss an die französische Vorlage —

B. V. 3029:	
A une part font Ylion,	
De Troie le mestre danjon.	L. V. 303:
Cel fist Prianz à son oes fere,	In Troye he made a tour
3033:	L. V. 304:
Onque nus fet n'en fu autex.	Of alle toures hit was flour
3078:	313:
Molt par fu de riche façon.	A richer hade neuer no kyng.
3105:	305:
I fist li reis un bel autel,	And in þe tour he made an auter
3111:	
L'image au Dé ou mielz creieient,	
3118:	
C'est Jupiter li dex poissanz:	Of þe false god sire Jubiter
Cele fist faire li reis Prianz	A mawmet riche for þe nones
Del meillor or qu'il onques ot.	Of gold seoluer and precious stones.

B. erzählt — V. 3159 u. ff. — dass nach dem vollendeten Wiederaufbaue der Stadt ein grosses Fest veranstaltet worden sei. Der me. Dichter macht daraus ein Krönungsfest — H. V. 277 u. ff. — an welchem der König sich und sein Weib krönt, Hektor zum Mitregenten erhebt, Paris mit einer Grafschaft belehnt, und die übrigen Söhne zu Lords macht. Diese Bemerkung findet sich nicht in L. Ob vielleicht ein entsprechendes zeitgenössisches Ereignis dem Autor der Hs. H. vorschwebte?

Nach Verlauf des Festes beruft König Priamus das Parlament ein. Er eröffnet dasselbe mit einer Rede — H. VV. 286—97 — worin er unter dem Hinweis auf die gewichtigen Gründe den Krieg gegen die Griechen befürwortet —

B. V. 3183:	H. V. 286:
Jor a assis de parlement[32])	And maketh a ryalle parlement
3195:	H. V. 290:
Seignor, fet il, entendez mei:	Lordyngis he seyd thus and thus
Bien savez la malaventure	Ye wote whanne þey of Grece come
Et la lede desconfiture	
Que li Grezeis par lor oltrage	(And þis lond robbed and nome)
Firent de nostre buen lignage: Mon pere ocistrent par nul fuer	Alle our elders have destroyed
Ne m'istra mès l'ire del cuer, Se gie n'en puis venjance aveir	Grete cause have we to be avenged.

Der König gedenkt dann noch der Entführung seiner Schwester und schliesst den ersten Teil seiner Rede mit der Erklärung:

B. V. 3219:	H. V. 296:
„Molt est bien tens de guerreier".	We shull hem yeve newe batayle And werre on hem.

Nach B. rät nun Priamus trotz seiner Erbitterung gegen die Griechen den Ausgleich auf friedlichem Wege, indem er das geschehene Unheil vergessen zu wollen sich bereit findet, sobald die Griechen der Aufforderung, die Hesione frei zugeben, nachkommen würden. Andernfalls sei der Krieg unerlässlich. Das ist der Inhalt des zweiten Teiles der Rede. Der englische Dichter wendet die Sache so, dass der König die Kriegspartei, das Parlament die Friedenspartei vertritt. Letzteres fordert daher ganz energisch den friedlichen Ausgleich, den Krieg nur dann, wenn ersterer sich als unmöglich erweise:

B. V. 3222:	H. V. 302:
Mes primes nos covient saveir,	And of your barouns send thedyr
	305:
Se par nul plait la nos rendront.	And loke if þey wull . . .

[32]) Dieser Vers ist schon von Greif herangezogen worden.

3225:	307:
Manderai lor qu'il la me rendent,	. . . brynge ageyne þy sustir right
	310:
Et puis après s'il la contendent,	If þey no wull doth your avyse.
A vos trestoz et à mes fiz	
3229:	
Prendrei conseil de guerreier.	

Man könnte hier die Frage aufwerfen, ob diese logisch berechtigte Änderung an der Darstellung B.'s das Werk des me. Dichters ist, oder ob er sie in einem umgearbeiteten Trojaroman bereits vorfand. Die Antwort auf diese Frage wird erst im zweiten Teile dieser Abhandlung gegeben werden können, zugleich auch eine Erklärung dafür, wie der Verfasser der Hs. H. dazu gekommen ist, den Hektor anstatt Antenors als Gesandten nach Griechenland gehen zu lassen. An derselben Stelle wird der Aufenthalt des Gesandten im Feindeslande zur Besprechung gelangen.

Unverrichteter Sache kehrt Antenor, bez. Hektor, nach Troja zurück, wo er dem Könige über den Erfolg seiner Reise Bericht erstattet:

B. V. 3638:	H. V. 347:
. . . Antenors lor a retrait,	And told sir Priamus eueri worde
Et les reproches et les diz.	How he was rebuked ende and orde.
B. V. 3634:	H. V. 350:
Molt fu iriez Prianz li reis.	He was full wrothe it was well sene[33]).

Der me. Dichter erzählt hierauf abweichend von B. und Dares, wo dieselbe Thatsache weit später geschieht, wie Priamus 40 Kriegsschiffe bauen lässt und die erforderliche Mannschaft in Kampfbereitschaft stellt. Die Darstellungsweise erklärt sich insofern aus der B.'s, als nach ihm Priamus dem Parlamente den Bericht Antenors übermittelt und im Anschluss hieran den Antrag auf Rüstung und sofortige Eröffnung des Krieges stellt:

B. V. 3679:	H. V. 355:
Eslisons tant de nostre gent.	And gadered swythe be his conseyle
Com il nos vendra à talent,	
De chevaliers prouz et hardiz,	A nobill ost with out fayle
De totes armes bien garniz;	H. V. 359:
Si enveions en lor contrée,	The kyng thyngketh no longer to lende
Tot belement et à celée.	But dyght him forth redy to wende.

[33]) nicht „sone“, wie Zietsch es hat; in der Hs. lässt sich e leicht mit o verwechseln.

Nach dem me. Gedichte bleibt Priamus auf Hektors Bitte hin zu Hause und betraut jenen mit der Führung des Krieges. Auch dieser Umstand erweist sich bei näherer Prüfung als eine Umgestaltung der Darstellung B.'s. Nach ihm — V. 3700 u. ff. — drückt das Parlament dem Könige, der die Eröffnung des Krieges wünscht — s. oben — seine Ergebenheit aus. Daraufhin überträgt Priamus seinen Söhnen vorzugsweise aber dem Hektor die Führung des Krieges. Hektor erklärt zunächst, dieselbe übernehmen so wollen. Diese drei Momente — die Zustimmung des Parlamentes zum königlichen Entschlusse, die Ansprache des Königs — V. 3710 u. ff. — an seine Söhne, an Hektor im Besonderen, endlich den ersten, beifälligen Teil der Rede Hektors — V. 3751—75 — fasst der me. Dichter in der Weise zusammen, dass er Hektor zum Vertreter des Parlamentes macht, ihn die Würde des obersten Kriegsherrn verlangen und den König hierzu seine Zustimmung geben lässt. Der zweite, abfällige Teil der Antwort Hektors — B. V. 3776 u. ff. — wonach derselbe sich der ihm zugemuteten Aufgabe nicht gewachsen erachtet, konnte in dem me. Gedichte keinen Platz finden. Besonders war der Einwurf Hektors — B. V. 3810: Ensorquetot n'avez navie — nicht erlaubt, da, wie wir wissen, die Flotte zur Abfahrt bereit steht. Vorstehende Behauptungen dürften durch den Vergleich folgender Verse noch an Wahrscheinlichkeit gewinnen.

Priamus an Hektor:	
B. V. 3737:	H. V. 361:
„Hector, biau filz, tu ies li maire,	Ectour the prince that was eldest,
3740:	
. . . tu ies molt sages et proz."	Of all þe kyngis sones he was boldest
	Hektor an Priamus:
B. V. 3738:	366:
„Sire seras de cest affaire"	„And þy host I wull take"
B. V. 3798:	H. V. 372:
„Tu en seras li chief de toz.	And — Priamus — taketh him all his power
3745:	
De toz auras la seignorie,	
La poesté et la baillie."	And bad him take his host and gone.
Hektor an Priamus:	Hektor an Priamus:
B. V. 3769:	366:
Molt par m'est tart, et mollt coveit	. . . „I wull . . .
Que de noz genz bataille seit	. . . werryn with our enmyes
Envers la lor" . . .	
Priamus an Hektor:	
B. V. 3741:	
„En tei sera li recovriers".	And stoughtly bryng home þe pryce.

V. 370:
And — Priamus — þenketh he —
H. — wull be good werrer.

Es ist anzunehmen, dass der me. Dichter diese Abweichungen von der altfrz. Vorlage selbständig unternommen hat, da wir solche bei Konrad von Würzburg nicht finden. Die Bemerkung des Paris, dass das beabsichtigte Unternehmen sowohl unter der Leitung des Priamus wie derjenigen Hektors fehlschlagen werde, der Einwurf des Priamus, Paris müsse Beweisgründe dafür beibringen, dass er auf grösseren Erfolg hoffen dürfte, als Hektor, dessen „zehnfache" Überlegenheit doch anerkannt sei, haben nichts Entsprechendes bei B. Im Übrigen scheint der me. Dichter vorweggenommen zu haben, was B. dem Berichte des Paris über den Apfelstreit der Göttinnen folgen lässt. Das scheint aus der Art und Weise hervorzugehen, in der Paris die Übernahme der Kriegsführung von seinem Vater fordert.

Nach dem Apfelstreite:	Vor dem Apfelstreite:
B. V. 3904:	H. V. 387:
Sire, se vos le volez bien,	And if ye wull be leven her
Gie i irai molt volentiers,	I wull go with your poere
(Mès que gie aie buens chevaliers,	
Qu'en lor terre poissons forfere;)	
Ainz que seons mis el repere,	
Lor aurons tel damage fet	And I will batayll and werryn
Qui à toz jorz sera retret.	Men shall speke þer of for euer moo
	Nach dem Apfelstreite,
	V. 471:
	Therfore I have will to wend
	In to Grece all hem to shend.

Was nun die Darstellung des Apfelstreites betrifft, so lassen sich zwar hier und da die Spuren B.'s noch wahrnehmen, doch erscheint sie im Ganzen wesentlich verändert, an der einen Stelle verkürzt, an der anderen erweitert. Sie wird uns im zweiten Teile unserer Abhandlung nochmals beschäftigen. Hier haben wir nur zu erörtern, in welchem Grade diese in der mittelalterlichen Poësie so oft behandelte Episode des me. Gedichtes mit der Darstellung B.'s übereinstimmt. Die Hs. L. macht im Anschluss an die französische Vorlage[34]) den Apfelstreit zum Gegenstand eines Traumes, den Paris träumte, als er einst im Walde, von den Anstrengungen der Jagd ermüdet, niedersank. Indem die Hs. H. diesen Teil

[34]) s. Greif, S. 161.

der Episode fort gelassen hat, wird letztere zum wirklichen Ereignis und gewinnt so an dramatischer Lebendigkeit, die durch Zusätze erhöht wird. Wir werden zeigen, wie B. selbst durch die Art und Weise seiner Darstellung denjenigen Abschreibern, bez. Übersetzern, welche auf Erweiterungen ihrer Vorlage ausgingen, genügende Anregung gegeben hat:

Mercur spricht zu Paris —	Paris erzählt:
B. V. 3861:	H. 400:
Treis deesses vienent à tei,	Thre goddes an apull fonde
Por lo jugement d'un otrei.	
V. 3863:	
Une pome lor fu gitée	
	H. 405:
D'or massice, tote letrée.	That apull was with gold begreue
	L. 487:
Les letres dient en grezeis	þer on was in lettrure
	H. 406:
Qu'à la plus bele d'eles treis	And seyd the fayrest it shuld have.
Sera la pome quitement.	
Entr'eles a descordement.	
V. 3869:	
Chascune plus bele se fait.	

Bei B. V. 3863 könnte man nun fragen oder weiter ausführen, von wem und warum der goldne Apfel den Göttinnen vorgelegt ward — s. H. VV. 403—4. Der in VV. 3868—9 bei B. nur angedeutete Streit der Göttinen liess sich leicht dramatisch gestalten, indem der Dichter jede der letzteren redend vorführte — s. H. 407—16.

	H. VV. 417—26:
Mercur spricht zu Paris. —	Juno regt die Wahl eines Schiedsrichters an; als solchen schlägt Venus den Paris vor:
B. V. 3877:	
Conseil quistrent, gie lor donai:	
3887:	H. V. 427:
Par tei lor covient à saveir	Best it is our juge þat he be
Qui la pome devra aveir.	Who shall it have of vs thre
3883:	
Eles otroient bonement,	All þey graunted þerto iwisse
Que tu faces lo jugement.	

Also auch der bei B. V. 3877 ausgesprochene Gedanke war eines dramatischen Ausbaues fähig, da ja diesem Entschlusse eine Beratung — s. H. VV. 417—21 — vorausgehen musste. Nach B. erzählt ferner Paris:

B. V. 3889:	B. V. 3891:
Cascune conseilla à mei	Soz ciel n'a rien que gie volsisse,
Privéement et en segrei.	Qu'à icele ore n'en traisisse,
	N'i ot cele molt ne m'offrist.

Die drei Göttinnen besuchen also einzeln den Paris und suchen seine Gunst durch hohe Versprechungen zu gewinnen. Hier lag die Veranlassung nahe, jeden Besuch einzeln zu schildern, sowie die Art der Versprechungen anzugeben. B. beschränkt sich auf das Versprechen der Venus:

B. 3894:	H. V. 445:
Et Venus me preia et dist,	Ther fore Parys J pray the
Que se la pome li donoie,	That appull þat þou graunte me
B. V. 3897:	H. V. 450:
Feme de Grece me donreit	A feyre leman J will yeve þe
La plus bele qui i sereit.	Thou shallt have the fayrest leman
	V. 458:
La pome issi li otreiai,	Venesse was fayrer þanne þre
Et de bialté plus la loai.	Ther fore I graunt her to have
	That appul.

Nach dem me. Gedichte sagt Venus zunächst nicht, dass das schönste Weib eine Griechin sei. Erst nachdem sie den goldenen Apfel erhalten hat, sagt sie ihm ihre Unterstützung in einem Feldzuge gegen Griechenland und bei der Erwerbung der schönsten Frau zu — s. H. v. 463—70.

Paris spricht zu Priamus —	Venus zu Paris:
	H. V. 466:
B. V. 3902:	Whanne thou will to Grece gone
Gie sé très bien que la deesse	For no þyng the no drede
M' aïdera, gie n'en dot rien.	With out dought þou shat welle spede

und die schönste Frau gewinnen — VV. 469—70.

Aus Vorstehendem ist ersichtlich, dass die me. Darstellung des Apfelstreites teils umgestaltet, teils erweitert, aus der entsprechenden des B. hervorgegangen ist. Die weiteren hieran sich knüpfenden Fragen werden späterhin zur Beantwortung gelangen.

Nach dem me. Gedichte sind sämtliche Söhne des Priamus gegen die Führerschaft des Paris. B. lässt dagegen sprechen Helenus, Cassandra und den Seher Panthus. Allen ist gemeinsam die Befürchtung, dass Troja einst von den Griechen zerstört werden würde, wenn Paris jetzt gegen sie zu Felde ziehe, bezw. sich ein Weib aus Griechenland hole:

	H. V. 473:
1) Helenus:	Sir Ectour and his bredryn alle
B. V. 3949:	475:
Se il de Grece feme ameine,	. . . seyd if Alisaunder Paris

3952:

. . . les Grezeis vendront sor nos,
Ylion abatront sanz faille,
Par vive force et par bataille.

Goo to Grece to wynne the pryss
Men of Grece will stynte no stounde
Er that Troye be brought to gronde.

2) Panthus:

B. V. 4082:

. . . tote Troie et tot l'enpire
A Paris molt enpirereit,
Se il de Grece feme aveit.

3) Cassandra:

B. V. 4131:

Se feme a de Grece Paris,
Destruite iert Troie et le païs

Die Rede des Helenus mag entschieden dem me. Dichter als Vorbild gedient haben. — Trotz des allgemeinen Abratens betraut Priamus Paris mit der Leitung des Krieges. Da bekanntlich die Flotte schon bereit steht, kann Paris ohne Weiteres die Anker lichten. Zuvor ermahnt Priamus Paris, sich seiner hohen Stellung würdig zu zeigen. Es ist hier eine Anlehnung an B.'s Darstellung nicht nachweisbar. Die kurze Schilderung der Flotte — VV. 489—93 — fehlt ganz bei B. Die Verhältnisse, unter welchen der Aufenthalt des Paris in Griechenland — H. V. 497 u. ff. — stattfindet, sind zum grossen Teil verschieden von den entsprechenden in B.'s Gedicht. Wir werden sie im zweiten Teile unsrer Abhandlung eingehender betrachten. Nach dem me. Gedichte ist die Residenz des Menelaus und der Helena Capharnoum — s. H. V. 525 — die Cythera B.'s. Weder David, noch Salomo,[35]) noch Alexander der Grosse,[35]) sagt der me. Dichter, hatten eine so herrliche Burg. Helene besitzt so grosse Schönheit und Herzensgüte, dass sie selbst ein Vergil, ein Aristoteles[35]) und Nectanabus,[35]) den Olympias ob seiner Gewandtheit im Lobe schöner Frauen mit dem Ehrenkranz schmückte, würdig zu preisen nicht vermocht hätten. Das Zusammenbringen der Namen Nectanabus und Olympias bekundet allerdings die Kenntnis der Sage von Alexander dem Grossen. Weiterer Anschluss an dieselbe, wie Zietsch ihn annehmen will, ist nicht nachzuweisen. Die Hs. L erwähnt jene beiden Namen überhaupt nicht, ebensowenig die des Vergil und Aristoteles.

---

[35]) Nach Pseudo-Kallisthenes, Kap. I ff., ist Alexander der Grosse der Sohn der Olympias und des Nectanabus. Dieser, ein ägyptischer König von grosser Gelehrsamkeit, flüchtet sich nach Macedonien. König Philipp ist abwesend. Nectanabus verliebt sich in Olympias und weissagt ihr, der unfruchtbaren, dass sie von Jupiter Ammon einen Sohn gebären werde. Olympias wird das Opfer eines Betrugs. Vergl. Lamprecht, Alexander, Gedicht des 12. J. H.; Ausg. v. Weissmann, Bd. 2, S. 3 ff.; Ausg. v. Kinzel, Halle 1884, Baseler Einleitung, V. 69 ff.; Strassburger Alex. erwähnt V. 70 ff. die Herrlichkeit Salomos. — Von Aristoteles redet Pseudo-Kallisthenes, Kap. 16.

B. beschränkt sich im Preise der schönen Helena auf ganz allgemeine, volkstümliche Vergleiche, die der me. Dichter sich nicht hat entgehen lassen:

B. V. 4304:	H. V. 536:
De totes dames la plus bele	The fayre lady bryght and shene
Ainz nus ne vit plus avenant	
5101:	
Unques ne nasquit en cest monde	Fayrer formed was neuer
Dame si bele . . .	none — In this world . . .
5109:	
Sormontot de bialté Heleine	Tote rien qui nasquit humaine.

Auch der Bericht, dass die Fahrt der Griechen von günstigem Winde beschleunigt wird, scheint auf der Darstellung B.'s zu beruhen:

B. V. 4197:	H. V. 494:
Dreit vent orent et coie mer,	They haddyn good wynde
4201:	
Vers Grece ont dreciées lor veiles,	and forth gothe
4237:	
Tant siglèrent et tant nagièrent,	Nyght and daye forth they drives
Qu'il arrivèrent el païs	
Qui esteit à lor enemis.	Comen to Grece and there aryves.

Man vergleiche hierbei H. VV. 60—63, 113—14, 316—17; B. VV. 959—67, 1120—23, 2185—88, 3266—71, wo Meerfahrten in ähnlicher Weise geschildert werden.

Nach dem me. Gedichte — V. 550 u. ff. — ist der Helena von der Anwesenheit des Paris, des „edlen Ritters", Kunde geworden, und sie äussert ihren Damen gegenüber den Wunsch, den schönen Fremdling sehen zu wollen. Ein Spion benachrichtigt hiervon den Paris. Eine religiöse Festlichkeit bietet diesem die willkommene Gelegenheit dar, sich der Helena zu zeigen. Diese Art der Darstellung nun, so fremd sie uns auf den ersten Blick auch vorkommen mag, lässt sich doch auf die B.'s zurückführen. Nach ihm — V. 4299 u. ff. — hat Helena von der Anwesenheit des Paris gehört. Sie teilt ihren Frauen mit, dass sie sich mit Gefolge am Tage des Festes in den Tempel begeben wolle, um ein Gelübde einzulösen. Es ist also hier zwischen den Zeilen zu lesen, dass Helena von dem Wunsche, Paris zu sehen, nach dem Tempel geführt wird. Deutlicher sagt Dares, X: At Helena . . ., cum Alexander in insula Cytherea esset, placuit ei eo ire. Aber dass Helena den wahren Beweggrund ihres Handelns vor ihren Frauen ausspricht, zu dieser Darstellungsweise veranlasste den me. Dichter die französische Vorlage. Diese Behauptung gewinnt dadurch an Wahrscheinlichkeit, dass der Einfluss B.'s in dem, was jener Scene folgt, deutlich nachgewiesen werden kann.

Helena kommt mit glänzendem Gefolge zum Tempel:

B. V. 4314:	H. V. 573:
Puis espleita de chevalchier,	With her went moche grete chyualrye
Al temple vint o sa mesniée.	And cometh to þe temple on hye.

Paris, der herbeigeeilt ist, und Helena, betrachten einander mit sichtlichem Interesse:

B. V. 4324:	H. V. 575:
Et — P. — tant revint, et tant ala,	With outyn the temple eþer oder metis
Que il la vit, et ele lui:	575:
Molt s'entregardèrent andui	Ether beholdeth oder lovely Wonder long sekyrly.

Paris kann nicht umhin, sich an Helena heranzudrängen, und ihr Worte der Bewunderung zuzuflüstern, die — nach B. V. 4339 u. ff. — jene zum mindesten freundlich hinzunehmen scheint. Nach dem me. Gedichte findet einfache Begrüssung statt:

B. V. 4337:	H. V. 576:
Anceis — P. — se mist tant en avant,	
Qu' alques li dist de son talent.	And gentely ether other gretis.

Sie trennen sich. Nach B. begiebt sich Helena in den Tempel, während der me. Dichter sie in ihre Burg zurückkehren lässt. Paris, entschlossen, das schöne Weib zu entführen, eilt nach den Schiffen und waffnet seine Mannen. Dieselben erstürmen unter Leitung des Paris den Tempel, bez. die königliche Burg. Nach B. nimmt nun der Kampf folgenden Verlauf: Die Trojaner machen das männliche Gefolge der Königin zum grossen Teile nieder und bringen Helena, die übrigen Frauen und die Tempelschätze nach den Schiffen. Der Tempel befindet sich aber in der Nähe des Hafens, entfernt von der Stadt. Erst als das Kampfgeschrei bis dorthin gedrungen ist, eilt die Besatzung herbei, schlägt den Trojanern empfindliche Verluste, kann jedoch nicht hindern, dass die Feinde mit ihrer Beute entkommen. Indem nun der me. Dichter den Kampf in die Stadt verlegt, stellt er den Gedankengang B.'s auf den Kopf. Zwar erleiden anfänglich die Trojaner grosse Verluste, aber die Tapferkeit des Paris entscheidet. Es gelingt den Trojanern, die Feinde niederzuwerfen, Helena zu entführen. Dass trotz des Umstandes, dass Menelaus am Kampfe teilnimmt, die Darstellung des me. Gedichtes in der oben angegebenen Weise auf die französische Vorlage zurückzuführen ist, soll im Folgenden eingehender bewiesen werden. Nach B. zerfällt der Kampf in zwei Teile:

1) V. 4479 — V. 4506 — Die Trojaner töten die Gefolgsmänner der Helena und entführen dieselbe,

2) V. 4507 — V. 4558 — Der Kampf wird durch die herbeigeeilte griechische Besatzungsmannschaft erneuert.

Alexander beginnt den Kampf:

H. V. 599:	B. V. 4523 — V. 4534.
The folke of the Cite defended hem faste	
601:	B. V. 4530:
Alisaunder leseth many men	Trop i souffrirent granz haschies
That lay to dreve in that fenne.	Li Troïen por els deffendre
	4535:
	Cil d' Elée molt les ledissent
	A poi que toz ne desconfisent.

Dank der Tapferkeit des Paris wendet sich der Sieg auf die Seite der Trojaner:

H. V. 603 bis V. 608:	B. V. 4506:
But he fauht as a god baroun	Paris éust bien espleitié.
	B. V. 4505:
Many grete lord he drave adown.	Tuit furent mort et detrenchié,
	B. V. 4485:
	Molt eu detreuchent et ocient.

Angesichts dieser Thatsache ergreift Menelaus die Flucht nach einem unbekannten Ort. Ebenso machen sich nach B. einige der Gefolgsmänner der Helena heimlich davon.

H. V. 611:	B. V. 4493:
The kyng	Cil del temple sont esbaï
. . . doughtyth him sore of his lyf	
And fleth awey and forth goth	4496:
No man wote wher he is becom	Muçant s'enfuient trei et trei.

Paris entführt die Helena nebst mancher edlen Frau. Seine Mannen plündern —

H. V. 614:	B. V. 4487:
And Alisaunder the Quene hath takon	La bele, la corteise Heleine,
	I pristrent tote primeraine
V. 618:	B. 4491:
And mony counteyes and ladies also	Maintes dames, maintes puceles,
The fayrest þat myght on erthe go.	Pristrent o lie riches et beles.
H. V. 620:	B. V. 4498:
There whyle his men robyn and reves	Molt fu li temples tost robez
In all þat countre noþyng beleves.	Ne lessiérent or ne argent.

Ob die soeben betrachtete Umwandlung der Darstellung B.'s auf Rechnung des me. Dichters zu setzen ist, kann erst im zweiten Teile der Abhandlung erörtert werden.

Der me. Dichter übergeht die Heimfahrt des Paris mit Stillschweigen, weiss somit nichts von dem Aufenthalte des

Paris im Hafen von Tenedus. Vielmehr treffen wir den Paris sogleich — H. V. 623 — zu Hause an. Wir springen also zu B. V. 4795 u. ff. über, wo erzählt wird, dass Priamus dem heimkehrenden Sohne entgegengeritten ist. Dieser stattet jenem Bericht über seine Erfolge ab. Die Bemerkung, dass Menelaus leider entflohen sei, kann natürlich bei B. nicht erwartet werden. Im Übrigen darf Anschluss an B.'s Darstellung angenommen werden. Paris erzählt,

1) dass er die Griechen im Kampfe besiegt, 2) ihre Königin entführt und 3) reiche Beute gemacht habe:

1) B. V. 4815:	H. V. 627:
Conta li la desconfiture,	I have distroyed in all þyngis
Que il firent par nuit obscure,	Of Grece þe grete lordyngys
	631:
2) Et mostra li cele qu'il meine,	The Quene I have whyte as flour
3) V. 4811:	
Coment li temples fu brisiez	633:
Et li granz aveirs gaaingniez.	Gold and siluer grete and smalle
	The tresour of þe countre all.

Priamus freut sich seines Sohnes:

B. V. 4807:	H. V. 635:
Son fils Paris aime et joïst.	Sir Priamus was glad tho
	That Alisaunder had sped soo.

Nach B. zeigt sich der König sehr höflich gegen Helena und bemüht sich, sie, die Klagende, zu trösten. Der me. Dichter schiebt an dieser Stelle — H. VV. 637—44 — die Klage der Helena ein und lässt Paris selbst den Tröstenden sein. Dieselbe Scene spielt sich bei B. schon früher im Hafen von Tenedus ab — s. B. V. 4619—V. 4648. Doch haben die beiden Darstellungen der Klage nichts mit einander gemein. Nur auf einen Punkt sei hier aufmerksam gemacht. B. sagt von der klagenden Helena, V. 4625 u. ff.: Et si regretot . . . s'enor et sa richece . . . et sa haltesce. Die Entführte ist also der Meinung, dass sie an Stand und Ehre verloren habe. Dasselbe will die Bemerkung sagen, welche der me. Dichter an den Bericht der Vermählung des Paris mit der Helena knüpft —

H. V. 649—50:
First she was quene and Empres
And she is now but a countes.

Nach dem me. Gedichte ist Helena von vornherein mit ihrer Entführung nicht einverstanden — s. H. VV. 617—18. Nach B. und Dares gelangt Helena erst während der Reise zur bessern Einsicht.

Im me. Gedicht erscheint Paris selbständiger im Handeln als bei B.:

B. V. 4845:	H. V. 648:
A Paris Heleine esposée,	And wedded her to his wyfe
Li reis Prianz li a donée.	653:
Molt li a riches noces fetes,	And holdeth a feste riche and ryall
4849:	651:
Tuit cil de Troie celebrèrent.	Alisaunder hadde at his gestyng
	Of all the kyndom euery lordyng.

Inmitten der Festfreude wird Helena vom Schmerze ergriffen. Die sich freuen ahnen nicht künftiges Leid. Diese Bemerkung fehlt bei B. Derselbe giebt dafür die betrübende Weissagung der Cassandra — V. 4875 u. ff. Peinlich ist das Ereignis für Menelaus. Die Klage — s. H. V. 668 — V. 671 — fehlt bei B.:

B. V. 4767:	H. V. 663:
Molt fu Menelax anguissox,	Monalay
dolanz et tristes et hontoz;	Syght and soroweth nyght and day
Molt fu destreiz, molt l'en pesa.	He leveth in mornyng and strife
	And often he remembrith Elyn . . .

Er lässt seinen Bruder Agamemnon herbeiholen. Den Ulixes erwähnt B. an dieser Stelle nicht:

B. V. 4775:	H. V. 674:
Menelax un message prent,	
Si l'envoia isnelement	He sent fast after his brodir
A son frère que il aveit,	
Qui molt buens chevaliers esteit.	That was cleped Agamenonn
4781:	
Agamennon iert apelez.	He was a Duke a nobil man.

Man bemüht sich, Menelaus zu trösten:

B. V. 4927:	H. V. 679:
Agamennon	They to in all maner thyng
Son frere conforte sor toz.	Confortedd well her lord þe kyng.

Agamemnon schlägt dem Bruder vor, ein Aufgebot an alle waffenfähigen Männer des Landes ergehen zu lassen:

B. V. 4968:	H. V. 681:
Mès or pensons del envoier	And bad him lyve þanne send
Par totes terres sus et jus,	In to his kyndom to eche ende
A reis, à contes et à dus	Too eueri man yong and elde
	685:
Semons seient d'aler à Troie.	Too comy beforne him euerichon.

Menelaus befolgt den Ratschlag:

B. V. 4986:	H. V. 687:
Ont par Grece le mès tramis.	Sir Menolay sent on hyyng
N'i ot rei, ne duc, n'aumaçor,	Too Duke Erle and eueri lordyng

Riche conte, ne vavassor	That eueri of hem to him bryng
Qui n'i venist s'il fu semons.	Too ther power in all þyng.

Den Sammelplatz Sparta — B.'s Parte — macht der me. Dichter nicht namhaft:

B. V. 4995:	H. V. 693:
Vindrent à Parte où cil esteient.	And comyn in to a certeyn stede
Qui de l'ovre s'entremeteient.	And ryght soo eueri lordyng dede.

Mit H. V. 695 hebt das Verzeichnis der griechischen Helden und der Schiffe, die sie mit sich führen, an. In dieses Verzeichnis, den Schiffskatalog, verwebt der me. Dichter die Charakteristik der einzelnen Helden. Mit einer solchen werden nur Menelaus, Agamemnon und Ulixes bedacht. Der Anschluss sowohl an B. wie an Dares ist z. T. deutlich erkennbar.

Von Menelaus heisst es H. V. 697: His hede was rede his her also. B. weiss nichts hiervon. Dagegen nennt Dares, XIII, den Menelaus „rufum". Die Erwähnung seiner Tapferkeit weist auf B. hin:

B. V. 5134:	H. V. 699:
Reis ert biaux et prouz et hardiz.	He was egre and hardy also.

Die kurze Schilderung des Agamemnon schliesst sich eng an B.:

B. V. 5131:	H. V. 706:
Molt esteit nobles et penos,	þat was a duke a nobill man
D'aveir riches et gracios.	ffayre of body queynte and ryche.

Nach B. ist die Hautfarbe Agamemnons weiss wie der Schnee. In der Schilderung des Ulisses scheint der me. Dichter das vereinigt zu haben, was B. von Achilles und Ulixes sagt. Denn bis hierher macht sich im me. Gedicht die Rückwirkung der Achilleseepisode — H. V. 984 — V. 1154 — fühlbar. Achilles befindet sich ja als Mädchen verkleidet, aller Welt verborgen, am Hofe des Lycomedes auf Scyrus. Die Griechen wissen augenblicklich gar nicht, wo Achilles ist. Daher wird sein Name nicht im Schiffskatalog genannt.

An Gewandtheit im Gebrauche der Waffen kommt dem Achilles Niemand gleich. Die Bemerkung B.'s wendet der me. Dichter auf Ulixes an:

B. V. 5147:	H. V. 717:
Grant pris avoit d'armes porter,	In armes he was a nobill knyght
En nule terre n'ot son per.	Noon hardier man bereth bonys.
5151:	
Mort ert hardiz et corageus.	

Achilles, bez. Ulixes, ist höfisch gesittet, freigebig; von Ansehen heiter und frisch; B. nennt auch den Ulisses „höfisch" — V. 5192.

B. V. 5143:	H. V. 714:
La chière avoit lie et joiose.	Glad of semblant and rody
5145:	
Larges esteit et despensiers.	
5192:	
Mès larges esteit et corteis.	Hende[36]) and large for the nonys.

Menelaus hat 100 Schiffe, wie Agamemnon von Dares an erster Stelle mit 100 Schiffen aufgeführt wird. Agamemnon hat somit nur 60 Schiffe. Ulixes hat deren 50, wie Arcesilaus, der von Dares an dritter Stelle mit 50 Schiffen genannt wird. Im Verzeichnis der übrigen griechischen Helden ist der me. Dichter vorwiegend dem Dares gefolgt, wie Zietsch[37]) zur Genüge dargelegt hat. Dass gleichwohl der me. Dichter die französische Vorlage nicht ganz bei Seite gelegt hat, dafür scheinen folgende Punkte zu sprechen.

1) Ihrem Inhalte nach entsprechen einander die folgenden Verse:

B. V. 5593:	H. V. 729:
Et de Boece de l'enor	Sir Archeley þe lord of Boys
Entre Archelax.	Of all the londe he hathe þe choyse
	Of good men and hardy.

Also Archelax, Archeley, kommt mit der auserlesenen Mannschaft — de l'enor — seines Landes. Diesen Gedanken hat Dares nicht. Auffällig ist die ähnliche Schreibart der Eigennamen, doch zeigen bereits Dares LG — Dares G aber wurde, wid früher nachgewiesen worden ist, vom me. Dichter benutzt — die Schreibart: Archelaus.

2) Nach Zietsch[38]) entspricht „Sennes of Cypres" — H. V. 733 — dem Guneus ex Cypro des Dares G; ebensogut kann derselbe Name mit B.'s „Eunéus de Cipre" — s. B. V. 5673 — zusammengebracht werden, zumal unmittelbar darauf B. — V. 5677 — den Patroclus nennt. Im me. Gedichte wird unmittelbar nach „Sennes" ein „Parpadode" — s. H. V. 735 — namhaft gemacht, der zweifellos derselbe sein soll, wie „Padradod" — H. V. 937. Padradod aber ist, wie wir später sehen werden, identisch mit Patroclus. Diese Andeutungen dürften genügen, um zu erhärten, dass hinsichtlich des Schiffskatalogs des me. Gedichtes, besonders der Lesart H, der Einfluss der französischen Vorlage nicht weggeleugnet werden kann. In der Lesart L ist der Schiffskatalog bedeutend erweitert; zweifellos mit Hülfe des Dares.

---

[36]) hende: gewandt, hübsch, fein, ist hier jedenfalls vom äusseren Benehmen gebraucht.

[37]) s. S. 12—13.

[38]) s. Zietsch, S. 13. Dares, ed. Meister, 17, 14 Anm. und 19, 8 Anm.

Infolge der schon oben erwähnten Rückwirkung der Achillesepisode ist ferner erklärlich, wenn nach der me. Darstellung Ulixes das delphische Orakel befragt, was nach B. Achilles thut. Zu diesem Schritte giebt nicht Agamemnon, wie bei B., sondern Menelaus die Anregung, da Agamemnon erst nach der Befragung des Orakels zum Kriegsherrn ernannt wird. B. lässt dies vor der Befragung geschehen. Im me. Gedichte tritt Agamemnon überhaupt ganz in den Hintergrund. Menelaus erscheint auch nach der Übernahme des Oberbefehles durch den Bruder als die leitende Persönlichkeit.

Abgesehen davon, dass Ulixes sich nach Delphi begiebt, ist diese Scene im me. Gedichte im Anschlusse an B. geschildert. Dafür spricht schon der Umstand, dass die Darbringung eines Opfers nachdrücklich hervorgehoben wird, was Dares, XV, nicht erwähnt. Ausserdem schiebt Dares zwischen die Abreise des Achilles von Sparta, dem Sammelplatze des Heeres, und die Ankunft in Delphi den Bericht ein, dass die Trojaner, welche von den kriegerischen Absichten der Griechen Kunde erhalten, sich ebenfalls rüsten. B. und der me. Dichter haben dies nicht gethan.

Agamemnon:	Menelaus spricht zu den Fürsten:
B. V. 5768:	H. V. 762:
A Apollo envéissons.	We must doone Apolyn sacrifyse.

Das Opfer erwähnt A. am Schlusse seiner Rede — V. 5780. — Die Fürsten geben ihre Zustimmung. Achilles, bez. Ullixes, wird nach Delphi gesandt.

B. V. 5781:	H. V. 764:
Ceste parole ont craantée Tuit cil qui ele fu mostrée. Par lo comun esgard de toz,	And al þe Baronage graunted þer too The kyng
	V. 768:
I vait danz Achilles li proz.	. . . cleped Eluxes þat was mekyl to byhold.

Die Weihgeschenke, welche der Bote mit sich nimmt, H. VV. 765—8, nennt B. nicht. — Wenn nach B. Agamemnon den Fürsten vorschlägt,

B. V. 5768:	
A Apollo envéissons —	Prendre conseil de cest affaire, Savoir à quel chief porrons traire.—

so überreicht im me. Gedichte Menelaus die Weihgeschenke dem Ulixes mit Worten ähnlichen Inhaltes:

H. VV. 771—2:

And herkyn at him þat we ne fayle
How we shall spede at our batayle.

Nach B. nimmt Achilles mit sich Patroclus. Der Opfernde trägt dem Gotte im Gebet sein Anliegen vor. Der me. Dichter giebt den Inhalt des Gebetes — H. VV. 776—9.

B. V. 5788:	H. V. 773:
Entrent el temple Appollinis;	And goþe to eþ temple of Apolyn
	775:
O crieme et o devocion,	And falleth adown on his knees too.
I ont fete lor oreison,	Es folgt das Gebet, VV. 776—9. —
	H. V. 774:
Sacrefice ont appareillié,	And offered as þe maner was þo.
Achilles a sacrefié.	

Was die Antwort des Gottes anbetrifft, so hat der me. Dichter den Gedankengang B.'s auf den Kopf gestellt:

B. V. 5796:	
As Grezeis, fet il, nonceras	H. V. 785:
Qu'el diesiesme an sanz nulle faille	. . . er this ten yere be gon
	Ye shull ouercome hem euerichon
Sera la fins de la bataille:	
5800:	
. . . el diesiesme an auront victoire.	
5802:	H. V. 783:
. . . lors aurez tot achevé,	And loke þat ye stynt nought
Car Troie iert prise et abatue.	Or Troye be to erthe brought.

Hieraus sieht man, dass der me. Dichter die Darstellung B.'s zum Teil umgestaltet, zum Teil erweitert hat.

Achilles, bez. Ulixes, berichtet im Lager der Griechen über den Orakelspruch —

	Eluxes
B. V. 5850:	H. V. 788:
. . . à Athenes[30]) sont repairié.	. . . cometh to Monaly þe kyng
Achilles conta as barons	He tellith him gynnyng and ende
Ço que li ot dit li respons.	How þe ymage had isayde.
Tote l'ovre lor a retraite,	
Et la promesse qui est faite.	

Nun erst erhält Agamemnon den Oberbefehl über das Heer — s. H. VV. 795 — 800.

Der me. Dichter erwähnt weder Calchas noch die Ereignisse in Aulis. V. 805 meldet uns bereits die Ankunft der Griechen vor Troja. Gesandte gehen zum König Priamus, um Helena zurückzufordern, erhalten aber abschlägige Antwort — H. V. 808—V. 826. Der Anschluss an B.'s Darstellung liegt hier

---

30) Zu erwarten wäre Sparta, Parte — s. B. V. 4995.

weniger offen zu Tage, ist jedoch aus mehreren Gründen unabweisbar. Zunächst werden Abreise und Ankunft der Gesandten nicht durch Berichte andrer Thatsachen — wie bei Dares XVI — getrennt. Dann giebt Priamus den Gesandten gegenüber seiner Furchtlosigkeit Ausdruck, indem er auf seine Macht hinweist. Bei Dares findet sich dieser Gedanke an derselben Stelle — Kap. XVII — nicht. Eigentümlich ist dem me. Gedichte, dass Priamus in seiner Rede nachdrücklich hervorhebt, dass er die Nichtherausgabe der Helena als billige Sühne für das von den Griechen an den Trojanern ehemals verübte Unrecht betrachte. Im Übrigen ist natürlich besagte Rede im me. Gedichte bedeutend abgekürzt. Vorstehendes möge durch einen Vergleich noch mehr beleuchtet werden. Nach B. macht Agamemnon u. A. den Vorschlag —

B. V. 6171:	H. V. 808:
Mandons Prianz, par noz messages,	They sent to þe kyng anon
	And bad hem þat þey shuld to þem sende
6173:	
Que il nos face rendre Heleine;	Dame Elyn her Quene hende
6175:	
S'il ne nos fet dreit del meffait,	And if he will soo god is
6177:	
Donc aura il tort et nos dreit.	Or we shull slene him and alle his.

Priamus erteilt abschlägigen Bescheid. Der Ablauf der Gedanken erscheint im me. Gedichte zum Teil verändert.

B. V. 6326:	H. V. 817:
Princes destruistrent ceste terre.	And ye distroyed al my lond
6328:	815:
. . . mès plus me peise	Ye of Grece my fader slowe
De ço qu'il m'ocistrent mon pere,	
Ne me remest seror . . .	And my suster fro hens drowe.

Darum kann der König den Wunsch der Griechen nicht gewähren. Er fühlt sich stark genug, mit diesen den Krieg aufzunehmen —

B. V. 6355:	
Ço sachent li Grezeis de veir	
	H. V. 823:
Que gie lor ferai à saveir,	For I have here I vndirstond
Quel cuer gie ai, et quels amis	All þe power of my lond
Assez ai gent en cest païs.	For to defende etc.
	Troye . . .

Priamus schliesst seine Rede nach B. mit derselben Drohung, welche im me. Gedichte Hercules vormals dem trojanischen

Gesandten hinwarf. Die Ähnlichkeit ist so auffallend, dass sie nicht unbemerkt bleiben kann —

B. V. 6366:	H. V. 341:
Se vos ne fussiez messagiers,	And if þou were not a mesyngere
Ja vos estéut malement.	Too wrother hele com þou here
	344:
Alez vos en hastivement.	Trusse þe out of þis lond blyve.

Mit dem Berichte über die Rückkehr der Gesandten, H. VV. 827—8, vergleiche die Darstellung ähnlicher Vorgänge, H. VV. 79—80, 345—6.

Mit H. V. 829 beginnt die Schilderung der Belagerungskämpfe. Sie zeigt Anschluss an die entsprechende bei B. Letzterer erwähnt nirgends die Schleudermaschinen: ingyn — H. V. 833 — altfrz. engin; maungeneles — H. V. 838 — altfrz. mangonel; treybochet — H. V. 838 — altfrz. trebuchet. Es ist anzunehmen, dass B., der seinen Roman in den achtziger Jahren des XII. Jahrhunderts schrieb,[40]) die Schleudermaschine überhaupt noch nicht gekannt hat. Denn der Trebuchet war erst seit 1212 im Gebrauch.[41]) Die „engeignes enpenées — B. V. 7120 — sind befiederte Bolzen, also gleichbedeutend mit „quarrel“, quarrials enpenez bei B. V. 18878; me. quarelle[42]) — H. V. 847 — nicht crurelle, wie Zietsch annimmt. B. vergleicht den Regen der Geschosse mit einem Hagelschauer. Auch der me. Dichter hat dieses Bild angewandt.

B. V. 1717:	H. V. 846:
Car pluie, ne gresle par vent	And shett men with dartis and arblast
Ne chaï plus espessement	
Que font saietes barbelées,	And sharpe quarelle and eke floon
Darz et engeignes enpenées.	As þyke as ony hayle ston.
V. 7135:	
Cil des nès orent arbelestes	dazu H. V. 845 und vorhergehende Verse.
Trei M. et plus à traire prestes	

Kein Sterblicher sah je blutigeren Kampf —

B. V. 7115:	H. V. 849:
Hom vivanz ne porreit conter	Soo strong assaught as þer955 beganne
Lo duel qui fu à l'arriver.	Sawe yett neuer non erthely man.

Die Schlagwaffe der Massen ist die Streitaxt —

B. V. 7163:	H. V. 853:
As granz haches, trenchanz et lées	They leyden on with axis of stele
Se porfendent jusqu'as corrées.	And faught to geder hardy and wele.

---

[40]) s. Joly, I, S. 57.

[41]) s. Schulze, höfisches Leben, II, S. 328 u. S. 174.

[42]) Das qu der Hs. lässt sich sehr leicht für cru (qu) lesen; das a ist durch Nachlässigkeit des Schreibers fortgelassen.

Die Trojaner beschiessen von den Türmen der Festungsmauer herab die anstürmenden Griechen —

B. V. 7190:	H. V. 857:
Mès cil qui furent es chastiax	Eche toure is full abought þe walle
Qui par les nès erent drecié	
Ont ensenble tret et lancié,	Of arblast etc.
Par force les font trere en sus.	Kenne arous etc.
	Slengis stonys for to throuwe.

Der me. Dichter hat somit das französische trere et lancier — schiessen — weiter ausgeführt.

Auch die Schilderung der Zweikämpfe verrät die französische Vorlage. — Hektor und Protesilaus sprengen mit gefällter Lanze auf einander los. Nachdem sie die Lanzen verstochen haben, spaltet Hektor mit gewaltigem Schwerthieb des Gegners Leib.

B. V. 7483:	H. V. 925:
Tel li done parmi l'escu,	Sir Ectour thanne a stroke wonde
Et par l'auberc qu'il ot vestu,	H. V. 929:
Qu'en dous meitiez lo cuer li part.	The fleshe quyte he paryth adown
	Both þorow hauberk and akton.

Was B. von den Heldenthaten des Griechen Palamedes zu erzählen weiss, scheint der me. Dichter auf die Person des Paris übertragen zu haben. B. berichtet — V. 7453 u. ff. — dass sich auserlesene Helden um Palamedes scharen und Hunderte von Trojanern niedermachen. Der me. Dichter sagt von Paris, H. V. 890: He fellid an hundred on a rewe. Ferner lesen wir von den beiden Helden —

B. V. 7459:	H. V. 889:
Palamedes granz cols lor done.	And Alysaunder beganne to hewe
Molt en ocit, molt en estone,	Many a grete lord of Grece
Molt en ocit, molt en mehaigne.	He them heuwes al to pecie.

Ähnlich heisst es von Hektor —

H. VV. 886—8:

Many a lord he drewes adown —	There was helme shelde ne targe —
That myght stond his strokis large.	

Das Gefilde schwimmt im Blute der Verwundeten —

B. V. 7165:	H. V. 893:
Molt chaïrent espessement,	Grete slauter was made on eueri syde.
.	895:
Tot lo rivage en fu sanglant:	The valeys ron on blode.
De sanc i aveit granz ruissiax	
De cels qui muerent as tropiax.	

Dass der me. Dichter im Vergleiche zu seinen Quellen die gewaltigsten Sprünge macht, ist bei dem geringen Umfange seines Gedichtes selbstverständlich. Es hätte wenig Zweck, hier genau anzugeben, wieviel der me. Dichter fortgelassen hat. Der Gedankengang der französischen Vorlage wird im Allgemeinen beibehalten. Mit den Namen der Helden nimmt es der me. Dichter nicht genau. Er ist überhaupt kein Freund von vielen Namen und beschränkt sich in der Aufführung derselben auf das Minimum. Die Namen, denen wir im Verlaufe seiner Darstellung der Belagerungskämpfe begegnen, sind auf trojanischer Seite Priamus, Hektor, Paris, Troilus, Aeneas, Antenor; auf griechischer Seite Menelaus, Agamemnon, Protesilaus, Patroclus — Parpadodo, Padradode — Menestheus, Palamedes — Palmydes — Achilles, Neoptolemus. Diese kleine Zahl verschwindet vor dem Namenheere B.'s und des Dares. Gleichwohl macht uns der me. Dichter mit einem Griechen Annys — H. V. 1275 — bekannt, den Dares nicht hat, und es ist schwer zu entscheiden, ob es B.'s — s. V. 5673 — Eunéus, uns reis de Cipre, ist. Nach dem me. Gedichte folgt dem Tode des Protesilaus sogleich der Tod des Patroclus durch denselben Helden, durch Hektor. Wir gelangen somit zu B. V. 8314. Im französischen wie im me. Gedichte kommt Patroclus auf dieselbe Weise um, als vor ihm Protesilaus: Hektor spaltet ihm den Leib. Das Schwert des Hektor dringt dem Patroclus durch Schild und Halsberg —

B. V. 8312:	H. V. 943:
Que tot lo piz li vait fendant,	
Li cuer li part en dous meitiez.	Padradodes body he smot atoo.

Dares, XIX, sagt einfach: H. Patroclum occidit. Unmittelbar hierauf wird im me. Gedichte — H. V. 950 — die Verwundung Hektors durch Menestheus erwähnt. Wir werden somit zu B. V. 10021 u. ff. versetzt, woselbst Hektor vom „dus d'Athenes" — d. i. Menestheus, s. B. V. 5683 — schwer, wenn auch nicht tödlich, verwundet wird. Die Verwundung geschieht hier durch das Schwert, dort durch den Speer —

B. V. 10021:	H. V. 947:
Un espié tint d'acier trenchant,	Sirr Monastew of Grece þenne
Et lesse corre l'auferrant.	Rode to juste Ectour ageynne
10025:	
Li a l'auberc si desmaillié,	And with a spere he yede him nyh
10027:	
Plaie i ot grande et merveillose.	And smote sir Ectour þorough þe thygh.

Hektor gerät infolge dieses Ereignisses in die grimmigste Kampfeswut und schlägt ungefähr 1000 Ritter nieder —

B. V. 10040:	H. V. 951:
. . . enprès ço qu'en l'ot navré,	Ector seth his blode ryn down
En ocist plus que de devant,	And wexith egre as ony lyon
Milliers, si com gie truis lisant,	He gynnyth to sle with dilfull dynt
En a lo jor mort de ses mains.	(And) thowsaund men er euer he stynt.

Dares sagt kurz — s. Kap. XIX — M. Hectori femur sauciat, saucius quoque multa milia occidit. Nach Dares wird der Tod des Patroclus durch Hektor und dessen Verwundung durch Menestheus nur durch den Kampf zwischen Meriones und Hektor getrennt, während wir bei B. eine grosse Anzahl von Zweikämpfen an derselben Stelle vorfinden. Der me. Dichter hat sich hinsichtlich der Aufeinanderfolge der Thatsachen aus Liebe zu einer möglichst knappen Darstellung dem Dares angeschlossen, während die Schilderung Spuren der französischen Vorlage aufweist.

Im me. Gedicht folgt der Verwundung Hektors durch Menestheus die des Menelaus durch Paris — H. V. 955 u. ff. Die Scene ist in wenigen Worten, aber in echt dramatischer Weise dargestellt, und dieser Umstand verrät den Einfluss B.'s. Nach B. V. 11449 u. ff. sprengt Menelaus mit hundert Rittern gegen Paris, der, ein guter Schütze, unbemerkt und unbehelligt viele Griechen tötet. B. schildert hierauf den Hass des Menelaus gegen seinen Erzfeind — B. V. 11453: S'entente a mise Menelax — — De lui grever et entreprendre — Sa feme li quide chier vendre — L'ame del cors li quide traire — Mès alques li est grief à faire. — — — Volontiers l'ocireit sanz faille. Paris ruft ihm zu — VV. 11465—70: „Verfolge mich nicht, sonst werde ich auf dich schiessen." Er verwirklicht alsbald die Drohung und verwundet Menelaus durch einen Bogenschuss am Schenkel. Der. me. Dichter ändert nun die Darstellung dieser Scene dahin, dass Menelaus seinem Hasse gegen Paris in Worten Luft macht, indem er denselben auffordert, Helena herauszugeben, und droht, ihn töten zu wollen. Paris will zuerst den Zweikampf mit Menelaus aufnehmen, findet es jedoch einfacher, einen Pfeil auf jenen abzuschiessen. Menelaus wird an der Schulter verwundet. Der Schluss der Scene ist in beiden Gedichten derselbe. Menelaus sieht sich gezwungen, vom Rosse herabzusteigen, damit ein Arzt den Pfeil herausziehe und die Wunde verbinde. Nach B. geht Menelaus dann wieder ins Gefecht. Dasselbe ist im me. Gedichte nur zu vermuten. Behufs Vergleiches lassen wir hier diejenigen Verse folgen, welche die Verwundung des Menelaus zum Gegenstande haben —

B. V. 11471:	H. V. 966:
Une saiete a encochiée,	And drewe an arowe vp to þe hoke

11473:	
Bien l'a visé, et trait d'aïr,	And shet it to þe kyng anon
11475:	
Menelax fiert, et navre et plaie,	
De la coisse li sans li raie.	It fley þorow his shulder bon.

Menelaus steigt vom Rosse herab —

11482:	
. . . fu estanchiez,	A leche anon the arow out drow
Et remontez . . .	And helid the kyng.

Eine ähnliche Schilderung findet sich bei B. V. 9726 u. ff.: Ce est Paris qui l'arc enteise — D'une saiete l'a navré — Auques en char por la costé.

Mit Toten ist das Schlachtfeld besät. Der Streiter Zahl schwindet derartig, dass der Kampf aufgegeben werden muss:

B. V. 10059:	H. V. 979:
Le jor fust fins de la bataille,	And whaune þe pepill beganne to
En ço ne poïst aveir faille,	fayle
Quant Destinèe ne lessa	
Qui cels de Troie querreia.	Thaune departed þat batayle.

Der me. Dichter will nicht den Bericht einzelner Schlachten, sondern ganzer Jahre geben — s. H. V. 869, VV. 906—7; L. V. 1120. Die Schilderung des ersten Kriegsjahres ist ganz allgemein gehalten. Kein Held wird in den Vordergrund gestellt — s. H. VV. 829—68. Die Darstellung des zweiten Kriegsjahres — H. VV. 869—906 — knüpft schon den Gang der Handlung an bestimmte Personen an. Hektor und Paris sind die Haupthelden. Die Darstellung des dritten Kriegsjahres, H. VV. 907—82, beschäftigt sich vorwiegend mit Zweikämpfen und bespricht nur kurz am Schlusse die allgemeine Lage der Dinge. Hektor und Paris sind wiederum die hervorragendsten Helden. Protesilaus und Patroclus werden von Hektor getötet, dieser wird von Menestheus schwer verwundet. Den Menelaus trifft ein Pfeil des Paris. Nicht bloss die Kürze der Darstellung im Hinblick auf die Vorlagen ist auffallend, sondern auch der Umstand, dass der me. Dichter den Gedankengang seiner Vorlagen nicht durchweg einhält, indem er teils vorausgreift, teils später geschehen lässt, was sich anderswo früher ereignet. Die Verwundung des Menelaus ist nach B. eine Thatsache aus der vierten Feldschlacht oder dem vierten Jahre. Der me. Dichter hat somit zwei Schlachten zu einer verschmolzen. Dazu lässt er vor dem Beginne der nun folgenden Schlacht die griechischen Fürsten vor Menelaus kommen und diesen den Ausspruch thun — H. VV. 989—98, dass das

Hauptziel der kommenden Schlacht die Vernichtung Hektors sein müsse. Erst nachdem diese erfolgt sei, dürften die Griechen auf eine siegreiche Beendigung des Krieges hoffen. Die Thatsache ging aber ursprünglich der Verwundung des Menelaus voraus, indem besagte Versammlung — nach B. V. 10864 u. ff. — nach Beendigung der dritten Feldschlacht stattfindet. Man vergleiche auch Dares, XX u. XXI. Nach B. V. 10930 äussert Agamemnon, dass er Achilles für den ebenbürtigen Gegner Hektors halte. Achilles versichert, dass seine ganze Kraft der Vernichtung des Gewaltigen geweiht sein solle. Ein Gleiches kann an der entsprechenden Stelle des me. Gedichtes gar nicht erwartet werden, da Achilles überhaupt — und zwar planmässig — noch nicht erwähnt worden ist. Der Ritter Palamedes — H. V. 1000 — entgegnet auf die Ansprache des Menelaus — wir erinnern daran, dass derselbe im me. Gedicht immer die leitende Persönlichkeit ist — dass nur er den Mann kenne, der Hektor zu fällen vermöge. Es folgt somit — bis H. V. 1156 — die Achilleseplsode, deren Besprechung dem zweiten Teile unsrer Abhandlung zugewiesen werden muss. Der Schluss der Episode — s. H. 1135 u. ff. — greift natürlich, um das Fortschreiten der Handlung zu ermöglichen, auf den Punkt zurück, der die Einschiebung der Episode veranlasste, auf die Ansprache des Menelaus an die Fürsten, die nunmehr zu einer Ansprache an Achilles wird, ihrem Inhalte nach aber dieselbe bleibt. Die Antwort des Achilles — H. V. 1150 u. ff. — entspricht ihrem Sinne nach vollständig dem, was nach B. V. 10943 u. ff. jener dem Agamemnon entgegnet. Dieser Umstand ist nun für uns ausserordentlich wichtig. Denn Dares weiss am Schlusse des K. XX, wo er die Ansprache des Agamemnon an die Fürsten erwähnt, durchaus nichts davon, dass sich der König an Achilles im Besonderen gewendet habe. Der Einfluss der französischen Vorlage liegt somit hier offen zu Tage. Man vergleiche ferner folgende Verse, Worte aus dem Munde des Achilles —

B. V. 10957:	H. V. 1150:
Tres bien poez de fi saveir	That I may I wol doo
Que mon enging et mon poeir	Be the trowth that is myn.
I metrai tant que mort le rende.	

B. lässt den Achilles in seiner Klage um Patroclus u. A. ausrufen —

B V. 10298:	
Bien sache Hector, si gie le truis,	The first batayle þat he cometh inne
	1154:
Qu'il ocirra mei, ou gie lui.	He shall me slee or I will him.

Zu bemerken ist, dass nach B. Achilles in seiner Antwort auf die königliche Ansprache auch des von Hektor getöteten Patroclus gedenkt. Es ist also möglich, dass dieser Umstand den me. Dichter veranlasste, die Klage des Achilles nochmals zu lesen, obgleich er der Freundschaft zwischen diesem und Patroclus nirgends Erwähnung gethan hat.

Der übrige Teil des me. Gedichtes zeigt stärkere Abweichungen von der Darstellung der Vorlagen, als der der Achillesepisode vorangehende. Dazu befleissigt sich der me. Dichter mehr als sonst der Kürzung, die im Hinblick auf beide Vorlagen kühner nicht sein kann. Wenn B. von der Verwundung des Menelaus durch Paris — B. 11475 — bis zum Tode der Polyxena — B. V. 26443 — noch gegen 15000 Verse braucht, umfasst der der Achillesepisode folgende Teil des me. Gedichtes — H. VV. 1157—1897 — bis zum Tode der Polyxena nur 720 Verse. Der me. Dichter hat B.'s grosse Gemälde der 5., 6. und 7. Schlacht — B. V. 11549—V. 14552 — vollständig fortgelassen. Von dem Liebesverhältnis zwischen Troilus und Briseida — B. VV. 13235—831 — von der Chambre de Beauté — B. VV. 14583—892 — vom verliebten Diomedes — B. V. 14927— V. 15112 — ist im me. Gedichte keine Spur vorhanden. Nachdem der me. Dichter erzählt hat, dass sogleich nach der Ankunft des Achilles im Lager der Griechen der Kampf wieder eröffnet wird, macht er uns alsbald — H. V. 1161 u. ff. — mit dem ahnungsvollen Traum der Andromacha bekannt, der bei B. V. 15203 u. ff. mitgeteilt wird. Auch hier hat der me. Dichter möglichste Vereinfachung angestrebt. Andromacha bittet Priamus, Hektor nicht an der Schlacht teilnehmen zu lassen, da ein böser Traum sie um das Leben des geliebten Gatten besorgt gemacht habe. Hektor meidet auf des Vaters Wunsch ohne Weiteres den Kampf — H. V. 1161—V. 1175. B. hat dieser Scene im Anschluss an Dares, XXIV, eine Anzahl andrer Scenen vorausgeschickt. Andromacha erzählt zunächst dem Gatten selbst den Traum und sucht jenen, jedoch vergebens, vom Kampfe zurückzuhalten: B. VV. 15225—75. Hektor gerät in Wut, als sein Vater auf Anregung der Andromacha ihn bittet, dem Kampfe fern zu bleiben, und legt die Rüstung an — B. VV. 15323—37. Mutter und Schwestern, selbst Helena stimmen ein in die Bitte der Andromacha — B. V. 15360 u. ff. Diese fleht nochmals den Gatten um Erbarmung an, indem sie den Säugling vor ihm niederlegt — B. V. 15393 u. ff. Als das auch nichts fruchtet, wiederholt sie persönlich ihre Bitte bei Priamus — B. V. 15430 u. ff. — auf dessen Wunsch endlich Hektor, obwohl ungern, wieder vom Rosse steigt und zu Hause bleibt — B. V. 15494 u. ff.

In der verkürzten Darstellung des me. Dichters finden sich einige Anklänge an die französische Vorlage.

Andromacha ist dem Gatten mit innigster Liebe zugethan.

B. V. 15191:	H. V. 1162:
Molt iert leiax vers son seignor,	That lovede her lord as her lyfe.
Et molt l'ama de grant amor	Sie kommt zu Priamus:
B. V. 15340:	
Molt fet grant duol et angoissox;	Wepyng and cry(y)ng on hy
15345:	
Merci li crie molt sovent.	Sir Priamus merci I cry.

Sie erzählt den Traum Hektor, bez. Priamus, und schliesst mit der Bitte, Hektor möge dem Kampfe fern bleiben.

B. V. 15208:	H. V. 1165:
Li Deu li ont fet à saveir,	Too nyght abowte mydnyght
15210:	
Par signes et per visions	In my swevyn I sey a syght
15212:	
La nuit ainz que venist le jor:	
15215:	
S' Hector s'en ist à la bataille	Sir Ectour my lord to batayle goth
Ocis i estera sans faille,	He shall be slayne with dolful deth
Ja ne porra del champ issir.	
Zu Priamus:	1170:
Va, sire, tost, et si'l retien.	Lete him dwell at home with me.
Priamus zu Hektor:	
B. V. 15495:	
Bialz filz, fist il, vos remandreiz,	
B. V. 15498:	H. V. 1172:
. . . des Dex de la nostre lei,	Ector sone on my blessyng
Te conjur, et te faz devié	
Que n'isses fors . . .	Be here with þy lady hynde.
15504:	
. . . n'istras de ceste cité.	

Hektor nimmt also auf des Vaters Wunsch zunächst nicht am Kampfe teil. Von H. V. 1176—V. 1200 wird eine zusammenhängende Schilderung einer zweitägigen Schlacht gegeben. Der me. Dichter aber behauptet — s. H. V. 1179 — dass der Kampf vierzig Tage gewährt habe, und entwirft hiervon — H. bis V. 1200 — ein oberflächliches Bild: Die Ritter, aus dem Sattel gehoben, werden von den Rossen über das Feld geschleift, indem sie mit dem Fusse am Steigbügel hängen bleiben. Da werden die Helme vom Haupte geschlagen oder durchhauen, Speere und Schilde verstochen. Gross ist die Zahl der Toten und Verwundeten. Vom Blute rot erscheint das Gefilde. Soviel muss zugegeben werden, dass der me. Dichter das Gemälde in seinen Umrissen bei B. au zahlreichen Stellen vorfinden konnte, von denen wir nur zwei zum Vergleiche heranziehen. In der Schilderung der dritten Schlacht lesen wir bei B. V. 10574 u. ff. —

B. V. 10574:	
Parmi les escuz à peinture,	
10577:	
Et parmi les broines safrées	
	H. V. 1185:
Sont les lances enastelées,	Many a spere and many a sheld
Qu'andui chaïrent en l'erbei.	ffley abowte in to þe feld
10588:	
hialmes vert gemez	
	1183:
I ot senpres escartelez,	Many an helme þere was of wevyd
Si qu'à mains perent les cerveles,	And many a basnett þere was cleved
	1182:
Et que morz trebuchent des seles.	Good knyghtis be her styroppis hyng.
Par grant ire se sont requis,	
	1195:
Assez i en ot des ocis.	Many a doughty man in þe feld Layne þere slayne vnder shelde.

Eiue ähnliche Stelle findet sich bei B. in der Schilderung der achten Schlacht B. V. 15557: Brisent lances, percent escuz — Et par haubercs . . . Froissent lances et enastelent — Et cors de chevaliers desselent. 15570: Tant i a des morz et des navrez — Que toz li chans en est joinchiez.

Wenn der me. Dichter sagt, dass die Schlacht vierzig Tage hindurch angehalten habe, so hat er uns nur die zwei letzten Tage schildern wollen.

Als Achilles vernommen hat, dass Hektor sich nicht auf dem Schlachtfelde befindet, wird er den Trojanern verderblicher als zuvor — H. V. 1201 u. ff. — B. V. 15824 u. ff. Er tötet einen „Erlo of Troy“ — H. V. 1205 u. ff. — den königlichen Prinzen Margariton — B. V. 15768 u. ff., den Dares nicht kennt. Die Trojaner mit ihrem Könige an der Spitze fliehen. Hektor, welcher diesen Vorgang von einem Turme herab beobachtet, macht sich Vorwürfe, dass er sich „durch den Traum eines Weibes“ habe verleiten lassen, dem Kampfe fern zu bleiben — H. V. 1219 u. ff. — B. V. 15943 u. ff. — B. spricht jedoch nur von der Entrüstung Hektors. Die Bemerkung, dass ein Traum die Niederlage der Trojaner verursacht habe, legt B. in den Mund des Trojaners Polydamas, der sich Troilus gegenüber beklagt, dass Priamus Hektor von der Teilnahme am Kampfe abgehalten habe, er schliesst:

B. V. 15619:
N'oï mès dire, ne conter,
Que chevaliers lessast porter
Armes, por songe et por alne.

Hektor legt die Rüstung an, steigt zu Ross und eilt aufs Schlachtfeld —

B. V. 15958:	H. V. 1227:
En son chief a son hialme assis.	He armith him in stelyn wede —
15970:	
Monte el cheval l'espée ceinte,	And leppe vppon a nobill stede
Son escu prent, et si s'en ist.	He priketh forth with all his mayn.

Auf dem Schlachtfelde entfaltet Hektor seine ganze Heldenkraft. Den Mittelpunkt der Schlacht bildet der Kampf zwischen Hektor und Achilles — H. V. 1239 -- V. 1266. In der Darstellung desselben schliesst sich der me. Dichter an B.'s Schilderung eines Zweikampfes zwischen denselben Helden in der dritten Feldschlacht an, indem er die Helden ihre Rollen vertauschen lässt.

B. V. 10646:	
Achilles	H. V. 1243:
Hector a feru en tres hait	ffirst Ector Achilles smotte
Deus si granz colps que toz chancele,	
Por un petit ne guerpi sele.	That in his sadell onnethis he satte
Hector s'irest de maltalent,	And Achilles with all his mayne
L'espée trait o le cler brant,	On Ectours helme he smote agayne
Tex treis l'en a sor l'ialme assis	
Que tot en a sanglant lo vis.	So hard he smote . . .
	That al his helme shon fyre.

Der Darstellung des me. Dichters zufolge versetzt dann Hektor dem Achilles einen Hieb durch Schild und Panzer hindurch, Achilles zerschlägt dem Hektor Schild und Helm. Der zweite Teil des Kampfes ist somit eine umgestaltende Wiederholung des ersten. Der Zweikampf bleibt unentschieden. Die hereinbrechende Nacht trennt die Streiter. Aber schon am folgenden Morgen wird der Kampf wieder aufgenommen. Der Mittelpunkt der Schlacht ist der Kampf Hektors mit dem Griechen „syr Annys“, dessen Tod den des Siegers im Gefolge hat. Die Darstellung schliesst sich z. T. an die B.'s an, indem sie für B.'s Politenes — Annys setzt:

	H. 1274:
	A lord of Grece of grete renown
B. V. 26105:	
P. esteit uns dus,	That was called syr Annys
16108:	
Molt ot grant force et grant valor,	He was a man of moche prise —

16110:	
Et molt aveit riche conrei,	He was atyred in good armour
16113:	
D'or et de pierres precioses,	That shone as gold and asure
	The helme was . . .
Resplendissanz et merveilloses,	Isette abowte with precious stonys.
Furent si garnement covert.	

Der me. Dichter setzt also für garnement — helme. Ferner macht er die Edelsteine namhaft: rubies, safers orientall, Cassedowns — H. VV. 1181—2. In ähnlicher Weise schildert der Dichter späterhin den Helm des Achilles — H. VV. 1493 u. ff. — Nachdem Hektor Politenes — Polypoetes: Dares XXIV — bez. Annys, getötet hat, steigt er vom Rosse, um jenem die prächtige Rüstung abzunehmen —

B. V. 16125:	H. 1286:
Tot le fendit dessi qu'as denz	Bothe helme and hede of he smette
B. 16126:	H. V. 1288:
Et quant il vit les garnemenz	Sir Ectour sey þat ryche atyr
Si riches, et si precios,	
Molt fu de l'aveir coveitos	And ther to had grete desyre
Oster les li voleit et traire.	The helme to take adown he stopeth.

In diesem Augenblick wird Hektor von Achilles angegriffen und getötet. Nach B. geht die Sache nicht ganz so schnell. Achilles wird zunächst durch Hektor schwer verwundet. Nachdem er sich die Wunde hat verbinden lassen, steigt er wieder zu Ross und sprengt wieder gegen Hektor, der zu Fuss mit einem Griechen kämpft. Achilles stösst dem Hektor das Schwert in die Brust, welche augenblicklich nicht durch den Schild gedeckt ist. Priamus und die Trojaner fliehen. Der me. Dichter beschliesst seine Schilderung mit folgenden Worten: H. V. 1297 u. ff.: And lyght of day beganne to fayle — And thus departeth that batayle — They of Troye gone (to) town — And they of Grece to pavylion — Treuws þey toke for that dede — Twelf month be botheyrs redde — And þer whyles þe kyng full wyde — Gadered more folke be eueri syde. Diese Verse sind fast wörtliche Wiederholung der VV. 979—86. Sie sind im Anschluss an B. entstanden, welcher am Ende der Darstellung der dritten Feldschlacht sagt — B. V. 10847 u. ff.: Por l'oscurté de l'anuitant — Se sont departi aïtant. — Li jorz faillit et vint la nuit: . . . Vers la cité vont Troïen . . . Et as herberges li Grezois.

Aus dem Vorstehenden haben wir ersehen, dass der me. Dichter B.'s Gemälde der dritten und achten Schlacht —

s. B. V. 10561 u. ff. und V. 15548 u. ff. — zu einem verschmolzen hat, während er B.'s Darstellung der vierten Schlacht zum grössten Teil, die der fünften, sechsten und siebenten Schlacht vollständig fortgelassen hat.

Tiefe Trauer herrscht in Troja um Hektor, der glänzend bestattet wird — H. V. 1305 u. ff. Priamus, vom Schmerze überwältigt, sinkt ohnmächtig zusammen — H. V. 1321—2. So auch bei B. V. 16308 u. ff.: Sor lui se vait Prianz pasmer — Sor lui se gist reides et freiz — Sor lui se pasme tantes feiz — Que il n'en ist funs ne aleine. Uns ein Bild von der glänzenden Bestattung Hektors, B. VV. 16527—810, zu geben, erspart sich der me. Dichter. Auch weiss er nichts davon, dass bald nach dem Begräbnisse eine grössere Schlacht stattfindet — B. bis V. 17457 — sondern er beeilt sich, uns mit der Liebe des Achilles zur trojanischen Königstochter Polyxena bekannt zu machen. Er lässt unerwähnt, dass die Trojaner den Jahrestag des Todes Hektors durch eine Prozession nach dem Grabe des Helden, das sich ausserhalb der Festungsmauer befindet, festlich begehen, dass bei dieser Gelegenheit Achilles Polyxena zu sehen bekommt. Der me. Dichter lässt an einem unbestimmten Tage Polyxena einsam klagen am Grabe des Bruders. Die Klage erinnert uns an die der Helena:

H. V. 637:	V. 1330:
But þe Quene weped sore	She weped and wrong hir hondis . . .
640:	
She wepis and wryngis euer more	V. 1339:
Her heer	She all to drewe here ryche gere
She to drowe and her nobill atyre	She rent here vice and tare her her
	V. 1342:
Alas I am to long on lyfe	And seyd to longe in me last lyf
	V. 1335:
Why nyll myn hert breke on fyve	. . . ny her hert brak in too
	V. 1345:
	Soche dole she made and pyte.

Kurz zuvor lesen wir — H. V. 1313: . . . all the folke of the Cete — Weped and for him made grete pete — And sir Priamus . . . . Wepes and sorouwes nyght and daye — He wrong his handis and drewe his here — Alas he seyd . . . Why nylle myn hert breke on too.

B. sagt von der klagenden Andromacha — B. V. 16422: . . . li ont la chière arosée. — Molt s'est malmise et enpeinée, — Tote lassée et depeciée; — Toz ses chevels a esrachiez, dazu H. VV. 641—2; 1339—40. Achilles verliebt sich sofort in die schöne Polyxena —

B. V. 17522:	H. V. 1343:
La grant bialtez et la façon,	Achilles behalt ryght
Qu' Achilles vit en la pucele,	þat may þat was soo redy and bryght
Le cuist el cuer de l'estencele	
Que ja par lui n'en ert esteinte,	The love of her he taketh be lyve
17532:	
. . . li face mortal plaie.	That nygh his hert all to ryve.

Achilles wirbt sogleich durch einen Boten bei Priamus um die Hand der Polyxena und verspricht, ewigen Frieden herbeizuführen — H. bis V. 1362. Priamus und seine Söhne erteilen abschlägigen Bescheid — bis V. 1376. Die Königin aber sagt dem Achilles die Hand ihrer Tochter zu unter der Bedingung, dass er das Versprechen thatsächlich einlösen werde — bis V. 1382. Abgesehen davon, dass die Darstellung derselben Scene sowohl bei B. wie bei Dares viel verwickelter ist, unterscheidet sich von derselben die des me. Gedichtes hauptsächlich durch den Umstand, dass hier der Bote des Achilles sein Anliegen vor versammeltem Hofe vorträgt, während dort die Werbung bei der Königin Hecuba angebracht wird, die das Weitere mit ihrem Gatten bespricht. Es liegt hier die Frage nahe: Gab dem me. Dichter irgend ein Punkt in der Darstellung der Vorlagen Anregung zu einer Umgestaltung? Im Hinblick auf Dares müssen wir diese Frage verneinen. Dagegen giebt nach B. V. 17825 u. ff. Hecuba dem Boten zum vorläufigen Bescheid, dass sie ihm eine entscheidende Antwort nicht erteilen könne, bevor sie mit Priamus und Paris keine Rücksprache genommen. Die Entscheidung hängt somit nicht nur vom Willen des Königs, sondern auch von dem der königlichen Prinzen ab. Die Antworten, welche im me. Gedichte der Bote erhält, eine ablehnende von Priamus und seinen Söhnen, eine zusagende von Hecuba, sind aus der Doppelzüngigkeit der Antwort des Priamus in den Vorlagen zu erklären. Der erste Teil der entsprechenden Rede bei B. — VV. 17909—32 — trägt einen verneinenden, der zweite Teil — bis V. 17942 — einen bejahenden Charakter. Die Hs. L. des me. Gedichtes erwähnt die Söhne des Priamus an dieser Stelle nicht.

Priamus sagt am Schlusse seiner Rede — Hecuba spricht:

B. V. 17933:	H. V. 1380:
Et ne porquant s'il le puet faire	If he wull make durable pees
Que Griu se metent el repaire,	
De lui sera pès et de nos,	
17939:	
Ma fille aura; gie li otrei.	He shall have my dowter fre.

Wie nun bei B. der Schluss der Rede des Priamus, so ist im me. Gedichte die Entscheidung der Hecuba massgebend.

Weiterhin erlaubt sich der me. Dichter hinsichtlich seiner Vorlagen immer grössere Freiheiten. Dem Achilles gelingt es leider nicht, sein Versprechen einzulösen und zum Ziele seiner Wünsche zu gelangen. Während aber nach B. V. 18125 u. ff. Achilles vor den versammelten Fürsten den Friedensschluss befürwortet, ohne dabei seiner Leidenschaft Erwähnung zu thun, während die Mehrzahl der Fürsten ihm widerspricht, spielt sich im me. Gedichte der entsprechende Vorgang gleichsam als Privatangelegenheit ausschliesslich zwischen Achilles und Menelaus ab, und jener bekennt ehrlich und offen seine Liebe zur Trojanerin — H. V. 1388 u. ff. Menelaus besteht jedoch auf der Weiterführung des Krieges. Die Sehnsucht nach der Geliebten und der Zorn gegen seine Landsleute halten Achilles auf längere Zeit von der Teilnahme am Kampfe zurück — H. VV. 1409—22. Dass der me. Dichter den Liebeschmerz des Achilles — H. VV. 1410—20 — zu schildern versucht hat, scheint uns für den Einfluss B.'s zu sprechen, der denselben Gegenstand mit sichtlicher Vorliebe behandelt hat — s. B. V. 17515 — V. 17715; V. 17978 u. ff. Doch nur wenige Verse lassen sich zu einem Vergleiche heranziehen.

B. V. 17526:	H. V. 1414:
En son cuer l'a escrite et peinte, Ses très clers ielz vers et son front.	Often he menys þat lovesum May Here fayre semblant and lovely chere
17535:	
Sis nès, sa face et sis mentons Le resprennent	Here lovely vice here leppis swete
17541:	V. 1413:
. . . ja n'ert mès ne nuit ne jor	He drowpis and dares nyght and day
	1419:
Qu'il ne sente les traitz d'amor.	And þus he syghyeth day and nyght.

Der Kampf wird wieder eröffnet, der infolge der Abwesenheit des Achilles einen für die Trojaner günstigen Ausgang nimmt. Paris und Troilus sind die Haupthelden. Dieser verwundet Menelaus und Agamemnon. Jener plündert mit seinen Mannen das Lager der Griechen. Es sind hier Thatsachen aus der 12. und 15. Feldschlacht des B. v. 18455 — v. 20330 zusammengetragen. Die Reihenfolge derselben ist verändert. Die Verwundung des Menelaus — nach B u. Dares: Diomedes — Agamemnon — H. v. 1451 u. ff — hat der Plünderung des Lagers und der Verbrennung der Schiffe — H. v. 1456 u. ff — zu folgen.

B. V. 18882:	H. V. 1456:
V. C. paveillons bons et biax	And Alysaunder robbed hir pa-
Toz plains d'argent et de vaisselle,	uelyons
I ont gaaignié cil dedenz,	Of grete hors and good armour.
18890:	1458:
Si ont les nès fet alumer.	And thre hundred shyppes he
18894:	sette on fyre.
En i arstrent plus de V. C.	

Dagegen berichtet B. die Verwundung des Diomedes und Agamemnon durch Troilus erst V. 20066 u. ff. und V. 20123 u. ff. Dass Menelaus verwundet wird, weiss auch B. Doch erwähnt er nicht, dass dies durch Troilus geschehen sei. Letzteres schloss vielleicht der me. Dichter aus dem Umstande, dass B. im Laufe der Schilderung der 15. Schlacht die Namen Diomedes und Menelaus neben einander stellt, so 1) V. 19963: Diomedes et Menelax — Ront grant planté de buens vassax. — 2) V. 20185: Diomedes et Menelax — Cil ont plaies granz et mortax.

Der me. Dichter weiss nun nichts davon, dass die Griechen sich alle mögliche Mühe geben, um Achilles zur Teilnahme am Kampfe zu bewegen. Vielmehr begiebt sich Achilles aus freiem Antriebe — H. V. 1459 u. ff — aufs Schlachtfeld zu Menelaus, und erkundigt sich höflichst nach dessen Befinden. Dieser dankt für die gütige Frage, klagt aber, dass er und sein Bruder verwundet worden seien, und dass ihr Heer eine schmähliche Niederlage erlitten habe. Beides komme auf Rechnung des Trojaners Troilus, des besten der Helden. Achilles fühlt sich in seinem Ehrgeize gekränkt, nennt Troilus verächtlich ein Kind und waffnet sich zum Kampfe — H. bis V. 1485. Also der Ehrgeiz treibt Achilles wieder in die Schlacht. Nur in diesem Punkte stimmt der me. Dichter mit B. überein, wenn er Achilles wieder in die Schlacht führen will. Im Übrigen ist er an dieser Stelle ganz selbständig verfahren. Nach B. lässt sich Achilles weder durch die Bitten noch durch die Niederlagen seiner Landsleute zur Sinnesänderung bewegen. Als aber der Thatenruhm des Troilus immermehr wächst, als derselbe die Mannen des Achilles zum grössten Teil vernichtet und den Rest bis an das Zelt ihres Herrn treibt, da endlich greift dieser zu den Waffen.

B. V. 21060:	
Isnelement, sans demorance,	H. V. 1487:
Gete son hauberc en son dous.	And vpon him a nobil corset
21063:	
El chief li ont son hialme assis.	The helme vppon þe hede is set

21065:	H. V. 1501:
Mès montez est él misoldor,	His sheld aboute his neke he cast
Prist son escu peint de color.	And lepe to hors all in hast.

Von dem prachtvollen Helme des Achilles — H. VV. 1489—1500 — erwähnt B. nichts. Wir haben früher[43]) darauf hingewiesen, dass der Helm zum Teil dem des Sir Annys gleicht, doch ist er noch prächtiger. Denn zu den „rubies and savers orientall" gesellen sich ausserdem „pipes of gold and rycho pery, Charbuncles, Peritotes." Der Helm hat sogar eine Geschichte. Hercules und Laomedon trugen ihn zuvor — H. V. 1490 u. ff. Wie der me. Dichter zu dieser Bemerkung gelangt ist, lässt sich nicht bestimmen.

Als Achilles den Troilus zu Gesicht bekommt, fordert er diesen in trotziger, fast höhnischer Weise zum Zweikampfe heraus, zu dem sich Troilus bereit erklärt — H. V. 1507—16. B. weiss nichts hiervon. Die Schilderung des Zweikampfes ist für uns deshalb interessant, weil sich im Verlaufe derselben — H. VV. 1517—29 — der me. Dichter auf eine französische Vorlage beruft — H. V. 1522. Doch erweist sich diese Berufung im Hinblick auf B.'s Darstellung des entsprechenden Zweikampfes als unwahr. Jedenfalls hat der me. Dichter hier absichtlich mit seiner Quelle Versteck spielen wollen. Nach B. V. 21137 u. ff. verstechen die Streiter ihre Speere. Dabei stürzen sie samt den Rossen zu Boden. Achilles ist schwer verwundet und muss für diesen und den folgenden Tag vom Kampfe abstehen. In der nächsten Schlacht bricht das verwundete Ross des Troilus — B. V. 21403 u. ff. — zusammen. Da eilt Achilles herbei und tötet Troilus durch einen Hieb auf das entblösste Haupt. Im me. Gedicht ist der Zweikampf von Anfang an ein Schwertkampf und endigt mit dem Tode des Troilus. Achilles schlägt zunächst den Helm des Gegners in Stücke, dieser zerhaut den Schild des Achilles. Lange bleibt der Kampf unentschieden. Endlich bringt Achilles dem Gegner einen tödlichen Hieb auf die Brust bei. Die Darstellung zeigt nicht den geringsten Anschluss an die entsprechende bei B.; vielmehr ist sie der Darstellung des Schwertkampfes zwischen Hektor und Achilles — H. V. 1246 u. ff. — nachgebildet.[44]) Für diese aber haben wir den Einfluss B.'s nachgewiesen.

Achilles macht hierauf noch viele edle Trojaner nieder und verfolgt die fliehenden bis an die Mauer — H. bis V. 1538. VV. 1531—6 = VV. 1205—10.

Hecuba betrachtet Achilles, den Mörder ihrer Söhne, als einen Verräter und beschliesst auf verräterische Weise an ihm

---

[43]) s. S. 46.
[44]) s. S. 45.

Rache zu nehmen. Zu diesem Zwecke setzt sie sich in Verbindung mit Paris.

B. V. 21804:	
Un jor commença à penser,	H. V. 1546:
Com seroient si fil vengié	But I of him be awreke
Del traïtor, del reneié,	Achilles þat tretour that thef
Qui les a si morz et toleiz.	Hath slayne my sones þat were me soo leef.
B. V. 21814:	H. V. 1548:
Paris a fait à sei mander.	Alisaunder sone come too me
21828:	
Mès preier te voil une rien:	ffor my love I prey now þe
21885:	
Filz, fai le desirrier ta mere,	On my blessyng doo after my rede
Si que soient vengié ti frere.	Awreke þy brodren þat ben dede.

Paris bedauert, den Wunsch der Mutter nicht erfüllen zu können, da Achilles unverwundbar sei — H. bis V. 1557. Die Mutter aber teilt dem Sohne mit, dass Achilles an den Fusssohlen verwundbar sei, dass er somit auf hinterlistige Weise umgebracht werden könne. Hierzu biete den Weg die Neigung des Achilles zu Polixena. Von der Unverwundbarkeit des Achilles weiss B. nichts, sondern ihre Erwähnung an dieser Stelle erklärt sich aus der Achillesepisode des me. Gedichtes. Im Übrigen ist der Einfluss B.'s noch erkennbar. Hecuba spricht zu Paris über Achilles.

B. V. 21862:	
Pramis nos a et affiié,	H. V. 1567:
Que ta serors prendrot à fenne,	He hath desyred many a day
V. 21868:	
Et molt m'en a fet grant preière.	To wede þy suster . . .
21876:	
Gie li voil trametre un message,	Therfore I will to him sende
Que il vienge parler à mei	
21881:	
Dedenz le tenple Appollinis.	That he in too our temple wende
Der Bote sagt zu Achilles —	
B. V. 21939:	
(Hecuba) Vos mande et dit que vos vengiez	
Dedenz lo tenple Appollinis	H. V. 1571:
Et Polixenain au cler vis	And (A.) wedde þy suster with grete honour
Doura à vos en mariage.	Dame Pollexene as whytte as flour.

Hecuba befiehlt dem Paris, im Tempel eine gehörige Zahl von Rittern aufzustellen, damit Achilles nicht entkommen könne.

B. V. 21882:	H. V. 1573:
Et tu seies dedenz mis	And therfore to þe temple goo
A tant de gent que ne t'estorce,	With a hundred men or moo
21891:	
Et tu garde qu'il seit ocis	V. 1576:
Et por riens nule n'eschat vis.	Quyk or dede that he (A.) be nome.

Paris führt den Befehl aus. Er nimmt auserwählte Leute.
Hecuba weist ihren Sohn an —

B. V. 22027:	
Conpaignons pren, des plus esliz,	H. V. 1578:
Des plus vaillanz, des plus hardiz.	Men of armes gadered of grete renown
22042:	
Pris a XX chevaliers preisiez.	An hundrid men þat cowde well
22045:	fy (gh) te
A l'annitant se sont tuit mis	
Dedenz le tenple Appollinis.	And did hem in to þe temple be nyghte.

Der Bote entledigt sich seines Auftrages knieend —

B. V. 21926:	H. V. 1587:
Devant lui s'est agenoilliez	And knelled adown and seyd þus.
21931:	
Cil li raconte son message.	

Hinsichtlich des Inhaltes der Botschaft hat sich der me. Dichter einige Abänderungen und Zusätze erlaubt. Zunächst ist es unlogisch, wenn sich der Bote für einen Gesandten des Königs ausgiebt — s. H. V. 1588 u. V. 1583. Zu den Zusätzen gehört die Bemerkung, dass Priamus zum Frieden geneigt sei, weil es ihm an Streitern mangele — H. VV. 1589 u. ff.; dass Achilles beliebig viel Leute mit sich zum Tempel bringen könne — H. V. 1597. Gleichwohl erscheint die Rede im Hinblick auf B. VV. 21932—70 bedeutend verkürzt. Im Übrigen finden wir dieselben Gedanken wie bei B.

B. V. 21946:	H. V. 1589:
Entr'als et vos n'aura mès ire.	And sayde he (Priamus) wolde no more batayle —
	dazu H. VV. 1591—2.

Es folgt die Einladung an Achilles, zum Tempel zu kommen, woselbst er Polyxena zum Weibe erhalten werde — H. VV. 1593—4; dazu B. V. 21939 u. ff.; s. vorige Seite. Dass Achilles mit der Königstochter zugleich das Königreich empfangen werde — H. V. 1595 — erwähnt B. nicht. Achilles soll sich eidlich verpflichten.

B. V. 21954:	H. V. 1598:
Ainz que d'elz seiez departanz	And come to þe temple sekernesse
Sereiz tuit un par serement.	to make.

Er soll sich beeilen.

B. V. 21937:	H. V. 1596:
Demain à seir sanz demorée	. . . spede the leve syr.
Vos mande et dit que vos vengiez.	

Infolge seiner Herzensneigung ist Achilles leichtgläubig und arglos.

B. V. 22074:	H. V. 1601:
Ne redote nul felon plait,	He wist noþyng of his treson
Ne dota peril, n'enconbrier,	Ne of her false conspiracoun
	1604:
Qu' Amors li font lo sens changier.	For he loved that may in herte.

Achilles macht sich sogleich auf den Weg. Er legt festliches Gewand an — H. V. 1605 u. ff. — und wirft einen kostbaren Mantel über. Diesen erwähnt B. erst bei Gelegenheit des Kampfes im Tempel — B. V. 22134. Doch bemerkt auch B. V. 22109 u. ff., dass Achilles und sein einziger Begleiter keine Rüstung anlegen, sondern sich nur mit dem Schwerte umgürten. Nach B. V. 22120 findet Achilles den Tempel leer, indem sich die Ritter versteckt halten. Der me. Dichter lässt hierüber nichts verlauten. Aus dem Zusammenhange erklärt es sich, dass im me. Gedichte Achilles im Tempel niederkniet und so von einem Trojaner an den Fusssohlen verwundet wird.

Im Übrigen ist der Anschluss an B.'s Darstellung deutlich bemerkbar. Als die Ritter mit Geschrei auf Achilles eindringen, umhüllt er den rechten Arm mit dem Mantel und greift zum Schwert —

B. V. 22123:	H. V. 1620:
De quatre part sont assailli	The knyghtis stert vp on euery syde
A une voix et à un cri.	
	And al þey leyden him vppon
B. V. 22131:	And cryed tretour yeld þe anon.
Quant Achilles set et entent,	Achilles entgegnet:
	H. V. 1624:
Qu'il est traïz tot plainement	. . . ye bene tretours . . .
Son bras molt tost et molt isnel	Abought his harme his mantill
A bien entors de son mantel,	lappeth
S'espée trait et lor cort sore,	He drow þe swerd and to hem
Maint lor en ocit en poi d'ore.	swapeth
	He wondid many . . .

Der me. Dichter lässt den Gefährten des Achilles gleich bei Beginn des Kampfes fallen — H. V. 1628. Die Verse 1630—1 beziehen wir besser auf die folgenden, als auf die vorangehenden. Also Achilles wurde an sechs Stellen verwundet und tötete sechzig seiner Gegner. Der me. Dichter macht folgenden Zusatz — H. V. 1632 u. ff.: Nachdem Achilles sein Schwert zerschlagen hat, verteidigt er sich noch lange mit der blossen Hand. Diesem bricht er das Genick, jenen schleudert er zu Boden oder wirft ihn an die Wand oder zum Fenster hinaus. Aber der Blutverlust beraubt den Todesmutigen zuletzt seiner Kräfte. Ohnmächtig sinkt er zusammen. Wir glauben hier den Einfluss B.'s bemerken zu können —

B. V. 22154:	H. V. 1630:
Mès en mainz leus les — Achilles,	In sexe stedes þey yaf him a wounde
Antilogus — ont plaiez,	
	H. V. 1647:
Li sans lor ist des cors à fais.	The blode out of his body ganne swelle
22157:	
N'est merveilles s'il affeibleient.	
22164:	H. V. 1650:
Por lo sanc qui des cors lor raie.	His hert blode beganne to blede
Falt lor li cuers et espasmist	
	He wax all feynt he moste nede.

Als Paris das Eude des Achilles herannahen sieht, ruft er diesem siegesfroh zu —

B. V. 22232:	H. V. 1653:
Mar out par vos perdu les vies	Now þou shalt þy lyf forgoo
Hector et Troylus mon frere,	þow slow Ectour . . .
22235:	
Les vengerai de vostre cors.	And Troyell broder lefe and dere.

Er lässt den Leichnam aus dem Tempel schleifen:

B. V. 22251:	H. V. 1657:
Fors del tenple les a gitez.	And out of the temple he him drow.

Weiterhin befiehlt er, den Leichnam mittelst einer Schleudermaschine hinüber ins griechische Lager zu werfen, damit ihn dort die Hunde fressen — H. V. 1658 u. ff. Solche Rohheit findet sich bei B. nicht.

Tiefe Trauer ruft das Ereignis bei den Griechen hervor —

B. V. 22259:	H. V. 1670:
Quant Grin le sorent . . .	Sir Monaly of Grece þe kyng
22261:	
Onc si grant dels ne fu véuz,	Herith telle of þis tyding
22264:	H. V. 1674:
De duol plorent et de pitié.	He maketh dole and his full woo.

Die folgende Schlacht, ein Kampf der Rache, wird mit der denkbar grössten Erbitterung geführt. Wie der me. Dichter aus „bokes of gramer" — H. V. 1703 — wissen will, dauerte diese Schlacht zwölf Tage. Am letzten aber geschah grosses Unglück: Paris starb. Ein solcher Hinweis auf das Kommende findet sich auch bei B. in der Schilderung derselben Schlacht.

B. sagt, dass Paris zornig das Schlachtfeld betreten habe, und ruft dann aus:

B. V. 22571:

Halas! com fiere destinée — Li ert cel jor determinée.

Die Schilderung des verhängnisvollen Zweikampfes zwischen Paris und Aiax — H. VV. 1711—40 — ist im Anschluss an B.'s Darstellung entstanden. Freilich hat sich der me. Dichter eine Abweichung gestattet, indem er den Zweikampf zunächst zu einem Speerkampfe gestaltet. Der Speer des Paris bleibt im Leibe des Aiax stecken. In dem nun folgenden Schwertkampf erhält Paris einen tödlichen Hieb über die Brust. Bei B. werden in dem entsprechenden Zweikampfe überhaupt keine Lanzen verstochen, sondern Aiax wird durch einen Bogenschuss des Paris verwundet. Trotzdem gilt obige Behauptung, wie aus dem nachstehenden Vergleiche ersichtlich sein wird. Der me. Dichter hat einfach für das französische saiete — spere gesetzt. Aiax kommt zum Lanzenbrechen auf Paris zugeritten. Dieser durchschaut die Situation rechtzeitig, und sprengt nun gegen Aiax —

B. V. 22711:	H. V. 1715:
Une saiete a encoschiée,	Alisaunder tak a spere forth þanne
22714:	
Feru l'a bien et sanz faillir	And made the spere so in him glyde
Parmi les deux costez l'enpoint.	That þe hede left in his syde
22717:	
Cil a sentu le colp mortal	Sir Aiax is hurt full sore
Adonques broche lo cheval.	He come dryvyng Alisaunder ayen
22744:	
Molt li done fiers cols et granz.	
	H. V. 1722:
	And smote a stroke þat was on gayn.

Bei B. erhält Paris den tödlichen Hieb ins Gesicht —

B. V. 22747:	H. V. 1723:
Parmi la chière l'a feru,	Thorow the sheld in to þe herte
De la pointe del brant molu.	
22751:	
En la place chiet morz Paris.	Alisaunder dyed at worddis short.

Zugleich hat dem me. Dichter der bei B. unmittelbar vorausgehende Zweikampf zwischen Menestheus und Polydamas als Vorbild gedient. Derselbe zerfällt in a) das Lanzenbrechen — B. VV. 22650—62 b) den Schwertkampf, der aber nicht zum Austrage gelangt. Wir halten es für angemessen, den ersten Teil dieses Kampfes mit dem Speerkampfe zwischen Paris und Aiax zu vergleichen.

B. V. 22650:	
Menestéus vint esleissiez,	(Aiax) come dryvyng with spere and shelde
L'escu al col, lance levée.	
Er durchrennt den Schild des Gegners.	Alisaunder tak a spereforth þanne
22655:	
L'auberc li trenche et le samiz;	Ayen sir Aiax fast he ryde beganne.
Ne l'ateinst pas el gros del piz.	
Der Gegner erhält nur eine Streifwunde an der Seite.	Er verwundet den Gegner tödlich an der Seite.

Der Leichnam des Paris wird von den Seinen nach der Stadt getragen. Priamus ist tief betrübt. Aiax hat noch soviel Kraft, sich nach seinem Zelte begeben zu können, stirbt jedoch daselbst, sobald man den Pfeil, bez. Speer, herausgezogen hat —

B. V. 22780:	H. V. 1732:
Porté en ont lo cors Paris	Toke vp Alisannder and home him bere
En la cité sor son escu.	
22828:	
Gie ne vos porroie retraire	
Les merveillos dels et les granz	
Que de lui fait li reis Prianz.	His fader made grete dole . . .
22759:	
Vers les tentes l'en ont mené	Sir Aiax . . gan home ryde
22765:	H. V. 1739:
Si tost com il orent sachiée	But þo it was take out full ryght
La saiete qu'ert entoschiée	
22768:	
Fenist tantost entre lor mains.	Sir A. diede as he was dyght.

Menelaus giebt seiner Freude über den Tod des Paris Ausdruck — H. V. 1741 u. ff. Denn er glaubt, dass nunmehr die Trojaner, der besten Helden beraubt, vom Kampfe abstehen werden. Er lässt daher einen engen Belagerungsring um die Stadt ziehen, um dieselbe durch Hungersnot zur Übergabe zu zwingen. Eine entsprechende Rede des Agamemnon findet sich nicht bei B. Doch dürfte der Schluss derselben, betreffend die völlige Einschliessung der Stadt, dem Einflusse B.'s zuzuschreiben sein, der dieselbe Thatsache dem Tode des Paris folgen lässt, während Dares an dieser Stelle — Kap. XXXVI — weniger bestimmt sagt: postera die Agamemnon coepit exercitum ante portas instruere. Von den Amazonen, von der Abholung des Neoptolemus, des Sohnes des Achilles, vom Hofe des Lycomedes auf Scyrus weiss der me. Dichter nichts. Das letztere Ereignis bot ihm vielleicht zuviel Ähnlichkeit mit seiner Achilleseepisode. Nach Dares, XXXVII, erfolgt die völlige

Einschliessung der Stadt erst nach dem Tode der Penthesilea: Argivi cum exercitu murum circumdant, ut foras Trojani exire non possent. Im Anschluss hieran berichtet der me. Dichter, dass der Anordnung des Menelaus zufolge — H. VV. 1572—4 — All þer . . . be segen Troye in ilke a side — that noman myght out go ne ryde. Er beeilt sich nun, uns mit dem Verrate der Stadt bekannt zu machen. Indem er sich bestrebt, diesen Vorgang so einfach als möglich darzustellen, gestattet er sich im Anschlusse an seine Vorlagen die grösste Freiheit. Nach B. und Dares beantragt Antenor im Kriegsrate des Priamus, dass Helena und Alles, was mit ihr nach Troja gekommen sei, den Griechen ausgeliefert und Frieden geschlossen werde. Amphimachus, des Priamus jugendlicher Sohn, schmäht den Antenor ob seines Antrages und befürwortet die Weiterführung des Krieges. Gleichwohl bekunden Aeneas und Poydamas ihre Zustimmung zum Vorschlage des Antenor. Priamus beschliesst, die Friedensmänner umzubringen. Diese erhalten Kenntnis von dem Beschlusse des Königs und sinnen darauf, ihr Leben durch Verrat der Vaterstadt zu retten. Der me. Dichter dagegen erzählt, wie Priamus in der Versammlung der Fürsten sein Alter und seine Kampfunfähigkeit beklagt, die streitbaren Männer aber ermahnt, den Kampf mit den Griechen weiter zu führen. Antenor drückt dem Könige seine Ergebenheit aus. Doch er ist ein elender Verräter und will nur den König täuschen. Denn im nächsten Augenblicke beschliesst er mit Aenaes, sich um den Preis des Hochverrats Leben und Gut von den Feinden zu erkaufen — H. VV. 1758—86. Der Verrat wird somit in dem me. Gedichte durch andere Verhältnisse vorbereitet als bei B. und Dares. Wenn der me. Dichter im Allgemeinen von der Darstellung der Vorlagen abgewichen ist, so konnte er doch daraus manche Einzelheiten entnehmen. Dass er dies wirklich gethan hat, zeigt zunächst die Klage des Priamus — H. V. 1761 u. ff. Ähnlich klagt Priamus bei B. V. 25089 u. ff., als er dem Willen des Volkes, den Frieden von den Griechen zu erkaufen, nachgeben muss. Beiden Klagen ist nämlich der Gedanke gemeinsam, dass die gegenwärtige Niederlage der Trojaner eine Folge des Verlustes ihrer trefflichsten Helden, des Hektor und Paris, sei. Zuvor habe es besser um Troja gestanden —

B. V. 25094:	
Escif me sont tuit et salvage.	
N'a onquor pas treis anz passez,	H. V. 1761:
Se cist consalz me fust donez,	. . . were Ectour on lyve
Ainz qu' Ector mis filz fust ocis,	He wold our fomen all to dryve
Troylus li prouz et Paris,	Or his broder Alisaunder Parys
Qu'il me fust grant profit de faire.	Litill durst we dowt our enmys.

Gleichwohl ermahnt Priamus die Seinen, den Kampf mit den Griechen wieder aufzunehmen, während nach B. des Königs Sohn Amphimachus diesen Vorschlag macht. Antenor und Aeneas wollen die Stadt unter der Bedingung an den Feind verraten, dass ihnen und ihren Verwandten Leben und Gut gesichert werde. Nach B. wird der Verrat dem Priamus durch Amphimachus mitgeteilt, im me. Gedichte vereinbart Antenor mit Aeneas —

B. V. 24642:	H. V. 1785:
. . . il traïront la cité	. . . we will him the town yelde
	V. 1783:
O ço que lor possessions,	And bidde we hem yeve vs our lyves
Et lor aveirs et lor mesons,	Our katell our chyldren and our
Et lor ami et lor parent	wyves.
Éussent pez tot quitement.	

Die beiden Verräter gehen selbst bei Nacht ins griechische Lager. Nach B. und Dares, XXXIX, thut dies Polydamas. Ihr Anerbieten wird angenommen. Sie selbst müssen sich eidlich verpflichten. Das hölzerne Pferd kennt der me. Dichter nicht: die Thore der Stadt sollen einfach den Feinden durch die Verräter geöffnet werden — H. V. 1798. Einzig ist die Darstellung des me. Gedichtes, wonach Antenor sich auf listige Weise die Führerschaft des Heeres anzueignen versteht, indem er sich vom Könige die Erlaubnis zur Wiedereröffnung des Kampfes erbittet — H. V. 1820. Für den Einfluss des Dares, XLI, spricht der Umstand, dass Neoptolemus die Zerstörung der Stadt leitet. B. schreibt Pyrrhus für Neoptolemus und stellt denselben nicht mit solcher Entschiedenheit in den Vordergrund. Mit dem Rufe „Antenor und Aeneas“ soll Neoptolemus in die Stadt eindringen, während Menelaus mit einem Teile des Heeres die Thore besetzen will, damit kein Trojaner entfliehen könne — H. bis V. 1848. Letzterer Punkt weist auf den Einfluss B.'s hin.

B. V. 25974:	H. V. 1847:
Li portal furent bien gardé,	And we will here with outyn be
Que nus n'en issist, n'eschapast.	To kepe that non shall fle.

Der Bericht über die Zerstörung der Stadt zeigt manche Anklänge an den entsprechenden bei B.

Vom Geschrei erdröhnt die Luft —

B. V. 25955:	H. V. 1853:
Li criz et la noise est levée.	Cry arosse þorough the Cete.

Alles wird niedergemacht, selbst Frauen und Kinder finden kein Erbarmen.

B. 25948:	
Ainz que del jor paire clarté	H. V. 1855:
En orent il X. M. ocis,	All the nyght full fast they sleth
25953:	
N'i esparnierent rien vivant,	All that þey fownden with dolfull deth
Morent i meres et enfant.	Doughter an dsone moder and fader
25960:	
N'i remaint povre, n'orfelin,	And þe yong chyld in the cradell
Jones ni vielz qu'il i ateignent.	Olde blynde men . . .
25977:	
Es bras des meres aletanz	
Ont detrenchiez les biax enfanz.	

Das Blut fliesst in Strömen —

B. V. 25962:	
Del ocise li palès seingnent,	
Tuit decorent li pavement,	
De sanc sont vermeil et sanglent:	H. V. 1865:
N'i a ne rue, ne sentier,	There was shed soo moche blode
Ou n'ateigne jusqu'al braier[45]).	That man and hors toþe knees yode.

Als König Priamus vom Turme herab das blutige Schauspiel beobachtet, überzeugt er sich sogleich davon, dass er das Opfer eines schändlichen Verrates geworden ist. Die Klage — H. V. 1869 u. ff — setzt sich zum grossen Teil aus Wiederholungen zusammen. So kehrt H. V. 1877 u. f. — der Gedanke wieder, dass solches Unheil bei Lobzeiten des Hektor und Paris nicht hätte geschehen können — H. V. 1761 u. ff. Ferner wiederholt v. 1871 — V. 639 — V. 1879 — V. 202 — V. 1880 — V. 643.

Wenn auch B. an derselben Stelle den Priamus nicht klagen lässt, so ist doch im Übrigen sein Einfluss erkennbar.

B. 25997:	H. V. 1867:
Li reis Prianz oï les criz,	Priamus the kyng
Sot et conut qu'il ert traïz,	Stant in his towre seth all þyng
Esbaïz fu et entrepris.	Alas quod he treson treson
B. V. 26001:	H. V. 1881:
C. feiz se pasme de dolor.	For soo grete sorow þat he saye
	He fallith adown . . .

Nunmehr dringt Neoptolemus in den königlichen Palast ein, haut Priamus mit dem Schwerte nieder und tötet Polyxena durch einen Faustschlag ins Genick. Nachdem er das ganze königliche Geschlecht vernichtet hat, führt er Helena dem

[45]) Vergl. braies, lat. bräcæ = kurze Hosen.

Menelaus wieder zu. Man bemüht sich, das Geschehene zu vergessen. Die Griechen nehmen sämtlich in Troja Quartier und feiern ein dreissigtägiges Siegesfest — H. bis V. 1908. Diese Darstellung erweist sich als völlig abweichend von der der Quellen. Nach B. und Dares wird Polyxena längere Zeit von Aeneas versteckt gehalten und dann von Pyrrhus, bez. Neoptolemus, am Grabe des Achilles getötet. Menelaus holt sich selbst seine Helena aus dem königlichen Palaste — B. V. 26091 u. ff. B. und Dares wissen nichts davon, dass Neoptolemus die Ermordung der Polyxena rechtfertigt, H. V. 1891 u. ff., indem er dieser die Schuld am Tode seines Vaters zuschreibt. Reich mit Schätzen beladen kehren die Griechen in die Heimat zurück, wo sie glücklich weiter leben — H. VV. 1910—16, eine Wiederholung von VV. 179—84. Dass dieselben der französischen Vorlage entnommen sind, ist schon früher nachgewiesen worden.[40]) Nachdem der Dichter seine Helden wohlbehalten zu Hause hat ankommen lassen, schliesst er sein Gedicht mit einem kurzen Gebet für das Wohlergehen seiner Zuhörer und das Seelenheil aller guten Christen. H. V. 1917 u. ff.

Vorstehende Untersuchung hat ergeben, dass der me. Dichter vom Anfange bis zum Ende seines Gedichtes vorwiegend der Darstellung B.'s an der Hand des Dares gefolgt ist. Als Hauptquelle für das me. Gedicht Seege oder Batayle of Troye ist somit der altfrz. Roman de Troie des Benoît de St. More anzunehmen. Dieses Ergebnis steht aber im Gegensatz zu den Behauptungen sowohl von Zietsch, der vom altfrz. Trojaroman als Quelle für das me. Gedicht überhaupt nichts wissen will, als auch von Greif, der nur für den vierten Teil des me. Gedichtes B.'s Roman als Quelle annimmt.

Abgesehen nun von dem geringen Umfange des me. Gedichtes im Vergleiche zum altfranzösischeen erscheint die Darstellung des letzteren in jenem oft völlig umgestaltet, an der einen Stelle bedeutend gekürzt, an der andern mit Neuem bereichert. Diese Umgestaltungen und Zusätze führen uns zum zweiten Teile unserer Abhandlung.

---

[40]) s. S. 16.

II. Das Verhältnis des me. Gedichtes Seege oder Batayle of Troye zum mhd. Gedichte vom trojanischen Kriege Konrads von Würzburg hinsichtlich der Abweichungen und Zusätze, welche beide Gedichte gemeinschaftlich im Vergleiche mit B.'s Trojaromane aufweisen.

Wie schon in der Einleitung angedeutet worden ist, soll im Nachstehenden wahrscheinlich gemacht werden, dass dem me. und dem mhd. Dichter eine erweiternde Bearbeitung des altfranzösischen Roman de Troie von B. bei der Abfassung ihrer Gedichte vorgelegen hat. Zu dieser Vermutung führen folgende dem me. und mhd. Gedichte gemeinsame Punkte.

A. Die Verhandlungen des Königs Priamus mit den Trojanern und Griechen zum Zwecke der Befreiung der Hesiona aus der Gefangenschaft,

B. der anfängliche Aufenthalt des Paris in Griechenland werden abweichend von B. dargestellt.

C. Der Bericht über den Apfelstreit der drei Göttinnen erscheint im Hinblick auf den entsprechenden B.'s erweitert.

Bei B. finden sich überhaupt nicht die folgenden Episoden:

D. der Traum der Hecuba und die Jugendgeschichte des Paris;

E. die Jugendgeschichte des Achilles und dessen Wegholung vom Hofe des Lycomedes auf Scyrus durch griechische Gesandte.

Da im Übrigen der me. und der mhd. Dichter der Darstellung B.'s gefolgt sind, so liegt gewiss die Vermutung nahe, dass die soeben angedeuteten Abweichungen und Zusätze bereits in der vom me. und mhd. Dichter benutzten Fassung des altfranzösischen Trojaromans vorhanden gewesen sind. Da aber eine derartige Hs. bis zu diesem Augenblick nicht bekannt ist, so ist es notwendig zu untersuchen, ob die dem me. und mhd. Gedichte gemeinsamen Abweichungen und Zusätze in so hohem Grade übereinstimmen, dass eine Handschrift des altfranzösichen Trojaromans von der soeben bezeichneten Beschaffenheit angenommen werden kann. Dass es eine solche Handschrift wirklich gegeben hat, ist keineswegs unmöglich. Wir haben in der Einleitung an der Hs. G des Roman de Troie von B. gezeigt, dass die Abschreiber zuweilen durch Kürzungen, Abänderungen und Zusätze das Original verunstalteten oder verstümmelten. Nach diesen Bemerkungen können wir zur näheren Begründung unserer Ansicht schreiten.

A.

Über die Verhandlungen des Königs Priamus mit den Trojanern und den Griechen zum Zwecke der Befreiung der Hesiona.

Dieser Punkt ist zum Teil schon früher — s. S. 19 u. f. — Gegenstand unserer Betrachtung gewesen. Dort wurde auch die Art und Weise angedeutet, in der die Darstellung B.'s vom me. Dichter umgestaltet worden ist. Wir wiederholen hier das Nötige. Nach dem Berichte B.'s beruft Priamus, sobald der Wiederaufbau der Stadt vollendet ist, das Parlament und eröffnet dasselbe durch eine Rede, worin er zunächst auf Eröffnung des Krieges gegen Griechenland dringt, schliesslich aber zur Erhaltung des Friedens sich bereit erklärt unter der Voraussetzung, dass die Griechen der Forderung, die Hesiona zurückzugeben, nachkommen würden. Der me. und der mhd. Dichter haben nun diese Darstellung dahin geändert, dass sie den ersten Teil der Rede dem Priamus belassen, den zweiten Teil dagegen zum Beschlusse des Parlamentes gemacht haben, so dass dieses als das friedliche, der König als das kriegerische Element erscheint. Liegt auch eine derartige Umgestaltung der Darstellung B.'s sehr nahe, so spricht doch der Umstand, dass sie sich in zwei durch Zeit, Ort und Sprache von einander völlig getrennten Gedichten vorfindet, deren Quelle B.'s Trojaroman ist, mit Entschiedenheit für die Annahme, dass besagte Änderung bereits in einer Hs. des altfranzösischen Trojaromans vorgenommen worden war. Nach Konrad lässt das Parlament seinen Beschluss durch Hektor dem Könige überbringen. Im me. Gedichte wird der Vertreter des Parlaments nicht genannt. Das Weitere wird aus dem nachstehenden Vergleiche des me. mit dem mhd. Texte erhellen. Priamus eröffnet das Parlament mit folgenden Worten —

K. V. 17816:	H. V. 291:
ir wizzent [47]) leider alle wol	Ye wote whanne þey of Grece
den schaden und daz ungemach	come
daz von den Kriechen uns geschach.	And this lond robbed and nome.

Unter dem Hinweis auf die starke Befestigung der Stadt befürwortet der König den Krieg mit den Griechen und erbittet sich die Ansicht des Parlamentes —

K. V. 17860:	H. V. 301:
mir râte ûz sîme sinne	. . . ye will geve þer to counsayle.
daz beste ein iegelîcher man.	

Das Parlament aber wünscht zunächst friedlichen Ausgleich mit den Griechen —

---

[47]) Der Einfachheit halber haben wir die dentale Fricativa v. d. Affricata äusserlich nicht unterschieden.

K. V. 17902:	H. 301 V.:
doch râtent si daz alle	. . . sir do as we yon desyr
daz ir geruochent balde z'in	
nu senden einen boten hin:	
17907:	
ob si ze buoze wellent stân	And of your Barouns send thedyr
des schaden der in sî getân.	To hem that our elders sley
ir sult des heizen vrâgen	And her goodis did bere awey
waz ir bezzerunge sî	And loke if þey wull wage
dar umbe daz ir worden vrî	Ravnsom or ony trevage.
sint iuers vater von ir hant.	

Der König aber soll den Griechen das verübte Unrecht ungestraft hingehen lassen unter folgender Bedingung —

K. V. 17929:	H. V. 305 u. ff.:
dur daz si . . .	And loke if þey wull . . .
. . . iuwer swester wunnevar	. . . brynge ageyne they sustir ryght
in geruochent wider geben	
17924:	
daz man ze Troye sende	Dame Isyon þat is so bryght.
diu clâren und die wol gesiten.	

Bei Konrad erscheint Hektor als Vertreter des Parlamentes. Nehmen wir nun an, dass die unserm Konrad vorliegende Fassung des altfrz. Trojaromans bereits eine derartige Darstellung aufwies, so ist es begreiflich, wenn im me. Gedichte Hektor als Gesandter nach Griechenland geht. Das Parlament ist im Voraus davon überzeugt, dass die Griechen der billigen Forderung nicht nachkommen werden. Je nach dem Entschlusse der Griechen wird daher die Gesandtschaft Frieden oder Krieg im Gefolge haben.

K. V. 17958:	
man sol in allen widersagen	
ê daz man si mit strîte	H. V. 310:
bestê ze dirre zîte.	If þey no wull doth jour avyse.

Des Königs „avyse“ aber ist der Krieg gegen die Griechen. Im Berichte über den Aufenthalt Antenors in Griechenland weichen das me. und das mhd. Gedicht wiederum von der Darstellung B.'s ab. Während dieser Antenor eine Rundreise an die Höfe der einzelnen griechischen Fürsten machen lässt, findet der trojanische Gesandte im me. und mhd. Gedichte sämtliche griechische Fürsten beisammen: nach Konrad V. 18004 u. ff. bei Telamonius auf Salamis, nach dem me. Dichter — H. V. 319 u. ff. — bei Hercules, „dem Herrscher über ganz Afrika“, an ungenanntem Orte. Diese Umgestaltung der Darstellung B.'s bewahrte den me. und den mhd. Dichter vor dem Fehler der Wiederholung. Man hat bisher angenommen, dass jene Änderung von Konrad selbständig bewirkt worden sei. Man könnte dieselbe Ansicht auch für den me. Dichter geltend machen, indem dieser schon zuvor einmal in ähnlicher Weise von der Darstellung B.'s abweicht, und zwar, um zu berichten, wie Hercules die griechischen Fürsten zu einem Rachefeldzug gegen den Trojanerkönig Laomedon aufruft — H. V. 83 u. ff.[48]) Hiermit steht der me. Dichter vereinsamt da. Denn Konrad hat sich an derselben Stelle getreu der Darstellung B.'s angeschlossen. Der me. Dichter hat daher dort selbständig geändert, so dass man ihm auch hinsichtlich seines Berichtes über den Aufenthalt Antenors, bez. Hektors, in Griechenland Selbständigkeit zutrauen könnte. Hiergegen kann man zunächst behaupten, dass der me. Dichter die zweite Kürzung in der vorliegenden Hs. des Roman de Troie vorfand und im Anschluss daran die erste Kürzung vorgenommen hat. Dass Konrad dieselbe Fassung des altfrz. Trojaromans benutzt hat, dafür spricht der Umstand, dass jener und der me. Dichter gemeinschaftlich von den vier Reden des Antenor bei B. die an Telamonius, an dessen Stelle im me. Gedichte Hercules getreten ist, herausgegriffen haben, dass ferner dieselbe von beiden Dichtern durch gleichartige Zusätze erweitert worden ist. Wir lassen zunächst den Text B.'s folgen.

B. V. 3380:

Sire, fet il, ses messagiers —	Vos a envoiez et tramis —
Li reis Prianz en cest païs.	

B. V. 3384:

Par mei vos mande molt et prie —	Que vos li rendeiz sa seror —
Qu' avez ja tenue maint jor.	Fille à rei est de halt parage —
Ne la devez en soignantage —	Tenir, n'aveir, car molt est lait.

Der me. und der mhd. Dichter lassen den Gesandten sprechen —

K. V. 18026:	H. V. 323:
. . . ir herren tugenthaft	Lordyngis he seyde J am now her
der werde künic rîche	
von Troye Prîamus genant	Com from Troye as a mesenger
der hât ze boten mich gesant	The kyng Pryamus me hedur send
vür iuwer angesiht dâ her.	
V. 18035:	
er hiez iuch vrâgen alle	And asketh howe ye will be demened
wan iu daz wol gevalle	
daz ir büezent im den schaden	

[48]) s. o. S. 12.

dâ mite er von iu wart geladen	Of that ye comyn ayens his pees
bî sînes vater zîte	
den ir an eime strîte	
ze tôde sluogent âne schult.	And slouwe his fader gylteles
V. 18088:	
. . . ir widersenden	And wheche of you haue his suster . . .
geruochent im die swester sîn.	I rede þat ye ayen her send
V. 18066:	
daz man diu frouwen hôchgeborn	For sekerly it is nought ryght
hât anders denne ir schône stê,	A kyngis doughter to serue a knyght.
daz tuot im alsô rehte wê.	
V. 18078:	
(er)heizet iuch gelîche	
und algemeine biten hie	
daz ir geruochent eteswie	I rede that ye to him gone
ze buoze sîner hende stân	And in his grace put you anone.
der dinge der im sî getân.	

B.'s Antenor erwähnt nicht, dass der Vater des Priamus unschuldig von den Griechen getötet worden sei. Konrads Antenor rät den Griechen nicht, nach Troja zu gehen, und sich dort bei Priamus zu entschuldigen, aber er verlangt Genugthuung für das verübte Unrecht. Als solche schlägt er die Herausgabe der Hesiona vor. Die Griechen fassen die Forderung Antenors als eine Beleidigung auf. Denn sie wollen weder Genugthuung geben, noch vollends gar um die Huld des Trojanerkönigs werben.

K. V. 18103:	
Den Kriechen was diu rede unwert	H. V. 336:
daz von Prîande wart gegert	Soche a dispyte don to vs neuer was
buoz unde bezzerunge alsô	Shulld we in his grace abyde.
daz ieman z'in getorste dô	
dekeine vorderunge hân.	

Wenn auch die Antwort, welche der griechische Gesandte erhält, im me. Gedichte ungleich kürzer ist als im mhd., so ist sie doch im Übrigen dieselbe.

Telamonius, bez. Hercules, begründet den Feldzug der Griechen gegen Laomedon von Troja:

K. V. 18156:	H. V. 339:
ein laster wart gerochen	Goo sey his fader did vs wrong
an ir daz uns aldâ geschach	And we him anoder also strong.
dô man die selben stift zerbrach.	

Solchen Bescheid erhält nach B. Antenor von Castor und Pollux —

V. 3449: Mes ço set len certainement,
Que sis peres premierement
Forfist vers nos et vers les noz,
Don domages vint puiz a voz.

Antenor wird angewiesen, bei Gefahr seines Lebens das Land sofort zu verlassen —

K. V. 18208:
niht anders kan ich iu gesagen
wan daz ir strîchent hinnen
ê daz ir hie gewinnen
müezent schaden unde leit.

H. V. 343:
And if you þynkest hens on lyfe
Trusse þe out of þis lond blyve.

B.'s Telamonius empfiehlt dem Antenor — V. 3420: . . . gardeiz sor tote rien — Qu'en cest païs ne demorez — Isnelement vos en alez. Wir erachten es für unmöglich, dass diese dem me. und dem mhd. Gedichte gemeinsamen Abweichungen von B.'s Darstellung zufälliger Natur sind. Wir behaupten vielmehr, dass dieser Umstand aus der Benutzung derselben Fassung von B.'s Trojaroman durch den me. und den mhd. Dichter zu erklären ist.

B.

Über den anfänglichen Aufenthalt des Paris in Griechenland.

Wir werden uns hier mit der Prüfung der Verhältnisse zu befassen haben, unter welchen nach der Darstellung der mittelalterlichen Autoren die Ankunft des Paris in Griechenland stattgefunden hat.

Nach Dares, IX, und B. V. 4203 u. ff. begegnet Paris auf der Meerfahrt dem Menelaus, der auf der Reise zu Nestor von Pylus begriffen ist. Die Entführung der Helena von der Insel Cythera erfolgt somit während der Abwesenheit des Menelaus. Anders ist die Situation im mhd. und im me. Gedichte dargestellt. Nach K. V. 20367 u. ff. kommt Menelaus mit Helena zum Tempel. Er ladet den Paris ein, mit in den Palast zu kommen, und dort für die Dauer seines Aufenthaltes Wohnung zu nehmen. Nach Verlauf mehrerer Tage verlässt aber Menelaus Cythera, um mit seinen Schwägern Castor und Pollux in den Krieg zu ziehen — K. v. 20860 u. ff. Er unterlässt nicht, zuvor seinen Gast Paris der aufmerksamen Pflege der Dienerschaft wie auch seiner Gattin zu empfehlen — K. V. 20876. Wir wollen nichts Neues bringen, wenn wir bemerken, dass diese von B. abweichende Darstellung K.'s unter dem Einflusse von Ovids 16. Heroide[49]), an die sich bekanntlich K.'s Geschichte der Entführung der Helena anlehnt, entstanden ist — Her. XVI. V. 150 ff.: Helena ladet Paris ein, sie zu besuchen. Die Gelegenheit sei besonders günstig, da Menelaus plötzlich habe abreisen müssen — V. 156:

Magna fuit subitae justaque causa viae.

Beim Abschiede habe er gesagt — V. 159:

„resque domusque
Et tibi sit curae Troicus hospes".

Es fragt sich nur, ob sich K. ganz aus eignem Antriebe von B.'s Darstellung entfernte, um sich der antiken zu nähern, oder ob er die Anregung dazu durch die ihm vorliegende Hs. des altfranzösischen Trojaromans erhalten hat. Diese Frage aufzuwerfen, veranlasst uns wiederum die Darstellung des me. Gedichtes, wonach Menelaus nicht nur zur Zeit der Ankunft des Paris in Cythera — H. 525: Capharnoum — anwesend ist, sondern auch für die ganze Dauer des Aufenthaltes des Paris. Denn er nimmt am Kampfe gegen den Entführer der Gattin teil, flüchtet sich aber heimlich, um der Gefangenschaft zu entgehen — H. V. 520 u. ff. — 609 u. ff. Es ist also wahrscheinlich, dass in der dem me. und mhd. Dichter vorliegenden Fassung des altfranzösischen Trojaromans Menelaus als in Cythera anwesend dargestellt wurde, was leicht durch Fortlassung von D.'s und B.'s Berichte über die Begegnung des Menelaus und Paris auf dem Meere erreicht werden konnte. Übrigens lag ein solches Verfahren sehr nahe. Denn die Reise des Menelaus zu Nestor wird nicht begründet.[50]) Warum sollte also der König zur Zeit einer grossen religiösen Festlichkeit seine Residenz verlassen haben!

Nicht weniger billig erscheint die Umgestaltung der folgenden Darstellungsweise des B. und Dares. Nach diesen[51]) bekennt Paris auf die Fragen der Griechen, woher und warum er gekommen sei, ehrlich und offen, dass er von Priamus gesandt worden sei, um die Befreiung seiner Tante Hesiona zu bewirken. Diese Antwort ist ebenso unklug, als es unbegreiflich ist, dass die Griechen, die doch kurz zuvor den Gesandten Antenor so grob abgewiesen haben, den Paris samt den Seinen nicht verhaften, ja nicht einmal Vorsichtsmassregeln gegen ihn treffen. Ein denkender Bearbeiter fand hier hinreichende Veranlassung, die unlogische Darstellung B.'s zu verändern und zu bessern, indem er den Paris einfach den Schlauen spielen

[49]) s. Greif, S. 111, Cholevius, S. 140; Bartsch, Albrecht von Halberstadt, XXVI, ff., Dunger, S. 53.

[50]) B. V. 4208: Mès gie ne sé dire por quei.

[51]) B. V. 4283 u. ff.

und hinsichtlich des Ausgangspunktes und Zweckes seiner Reise eine Lüge begehen liess. Einer derartigen Darstellungsweise haben sich sowohl der me. als auch der mhd. Dichter bedient. Nach K. — V. 19582 u. ff. — scheint Paris zunächst auf die Fragen der Griechen garnicht geanwortet zu haben. Erst auf die Frage seiner königlichen Wirtsleute — K. V. 20466 u. ff. — woher er komme, giebt er sich für einen Karthager aus. Nach dem me. Gedichte — H. V. 505 u. ff — befriedigt er die neugierigen Griechen durch den Bescheid, dass er, ein Kaufmann, vom Gestade des „ottomanischen Meeres" komme und vom Sturme an die griechische Küste verschlagen worden sei. Da wir nun Nordafrika als das Gestade des ottomanischen Meeres bezeichnen können, so verweist uns der Paris des me. Gedichtes auch nach Libyen und Karthago —

K. V. 20466:	H. V. 502:
güetlîche wart der clâre gevrâget dâ der mære von welhem land er wære. Des antwurt in dô Pârîs als ein bescheiden herre wîs	And curteysley asked hem what þey wold Sir Alisaunder . . . . . . anwerd hem with wordis wyse
20476:	H. V. 506:
ich wart erzogen ze Lybiâ	Out of the see Octaman comen we.
20478:	
geheizen ist Karthâge ein stat von der ich bin geborn.	

Paris bittet um gastfreundschaftliche Duldung — K. V. 20501 u. ff. — H. V. 500. — Dieses Zusammengehen K.'s mit dem me. Dichter erklärt sich am besten aus der Annahme, dass die beiden Dichtern vorliegende Fassung des Trojaromans von B. eine entsprechende Darstellung aufgewiesen hat. Ovid, dessen Menelaus den Paris als „Troicus hospes" bezeichnet, hat hier keinen Einfluss gehabt.

C.

Über den im Hinblick auf B.'s Darstellung erweiterten Bericht über den Streit der drei Göttinnen um den goldnen Apfel der Eris und das Parisurteil.

Wir haben im ersten Teil der Abhandlung[52]) gezeigt, wie B.'s Bericht über den Apfelstreit interpolierenden Abschreibern und Übersetzern mehrfache Gelegenheit zur Erweiterung darbot. Dazu war der Gegenstand ein dem Mittelalter wohl bekannter, wie es nicht minder Ovid war, der die Quelle dafür abgab.

[52]) s. o. S. 22 u. ff.

Weiterhin aber hat Greif[53]) aus dem Zusammengehen mehrerer mittelalterlichen Autoren, nämlich Konrads von Würzburg mit den Verfassern der Trójumanna Saga, ferner einer südslavischen Bearbeitung der Saga vom trojanischen Kriege und unseres me. Gedichtes Seege oder Batayle of Troye, in der Beschreibung der Hochzeit des Peleus und der Thetis und des Parisurteiles auf eine andre ihnen gemeinsame lateinische Quelle geschlossen. Auch diese muss sich, wie schon aus Vorstehendem ersichtlich ist, grosser Verbreitung erfreut haben und war jedenfalls dem Verfasser der erweiternden Bearbeitung des altfranzösischen Trojaromans von B., wie wir sie als gemeinschaftliche Quelle für Konrad und den me. Dichter annehmen, bekannt, der mit Hülfe derselben die Darstellung B.'s durch Zusätze in der Weise bereicherte, welche wir früher angedeutet haben.[52]) Wir gehen nun auf jene Zusätze, wie wir sie bei K. und dem me. Dichter finden, näher ein.

An B. V. 3863 — Une pome lor fu gitée — konnte der interpolierende Abschreiber leicht die Beantwortung der Frage nach dem Urheber und dem Zwecke des Ereignisses anknüpfen. Als ersteren bezeichnet der me. Dichter das Schicksal, als letzteren Zwietracht zwischen den drei Göttinnen —

H V. 403:

That fortune[54]) cast with outyn lees — Too makyn werre þat ere was pees.

Konrad lässt die Göttin Discordia ungeladen zur Hochzeit kommen —

V. 1384: si wollte kriec, nît unde haz
dâ sæjen under dise drî
1390: enmitten under si zehant
warfs' einen apfel schœne.

Der Zweck wird besonders infolge der Inschrift, die der Apfel, trägt erreicht. Der in B. v. 3869 — Chascune plus bele se fait — ausgedrückte Gedanke liess sich leicht weiter ausführen und dramatisch gestalten, indem man über den Auftritt einer jeden der Göttinnen berichtete —

H. v. 407: Thanne seyd Juno myn shall it be
For I am fayrest of vs three.
Pallas seyd it schall be myn
412: The fayrest I am of that is in ony lond.
Dame Venesse seyd now be stylle
That appul is myn be ryght skylle
For I am without lees — The fayrest that euer born was.

Jede will also die schönste sein. Nach Konrad verlangt Juno — V. 1546 — den Apfel um ihrer Macht willen, Pallas

---

[53]) s. daselbst S. 96 u. ff.

[54]) Konrads Paris erzählt der Helena vom Apfelstreite der Göttinnen — K. V. 21826: daz heil das mir gegeben hat — Fortûne.

beansprucht ihn als Preis ihrer hohen Weisheit — V. 1550 — und Venus fordert ihn als Lohn edler Liebenswürdigkeit — V. 1559 u. ff. In Gegenwart des Paris aber kommt jede auf das Lob ihrer unvergleichlichen Schönheit hinaus.

1) Juno —

K. V. 1933: wîplich crêatiure — nie wart . . . so rehte schœne als ich.

2) Pallas —

K. V. 1950: der apfel soll billîche mir
V. 1952: ze wunsche bin ich wol getân.

Juno und Pallas geraten nun in einen Wortwechsel. Endlich erhebt sich

3) Venus —

K. V. 2099: ir mügent iuwer kriegen lân
ich wil den apfel selbe hân
wan er ist mîn von rehte
an lîbe und an geslehte
kan mir kein vrouwe sîn gelich.

Man vergleiche hiermit die entsprechenden Verse des me. Gedichtes — H. V. 413 u. ff.; s. vorige S.

Nach der Darstellung des me. Gedichtes — H. V. 417 u. ff. — kommt Juno zuerst zu der richtigen Einsicht, dass, wenn der Streit überhaupt ein Ende nehmen solle, ein Schiedsrichter nötig sei. Als solchen schlägt Venus den Paris vor, und die beiden andern Göttinnen erklären sich mit der Wahl einverstanden. Ein gleicher Vorgang wird bei K. V. 1570 u. ff. berichtet, doch erfahren wir daselbst nicht, welche der Göttinnen die Wahl eines Schiedsrichters angeregt hat. Ferner empfiehlt ihnen Jupiter den Paris. Dasselbe thut nach B. V. 3877 u. ff. Mercur. Derselbe sagt zu Paris: Conseil quistrent, gie lor donai; V. 3887: Par tei lor covient à saveir — Qui la pome devra aveir. An Stelle dieser wenigen Worte erscheint im me. Gedichte eine kleine dramatische Scene. Bei Konrad herrscht weit grössere Fülle, aber weniger Lebendigkeit.

Jupiter — — Venus schlägt Paris zum Schiedsrichter vor:

K. V. 1616:	H. V. 425:
er hete alsô getriuwen sin	Paris is the trewest man.
1618:	
daz er durch keiner shahte guot	
1620:	
zerbræche sîne wârheit.	

Nach B. stattet nun jede der Göttinnen dem Paris einen Besuch ab und bittet ihn unter grossen Versprechungen, ihr den Besitz des Apfels zuzusprechen — V. 3889: Cascune conseilla à mei — Privéement et en segrei — V. 3891: N'i ot cele molt ne m'offrist. Auch dieser kurze Bericht ist im me. und im mhd. Gedichte stark erweitert, indem der Besuch jeder Göttin uns vor Augen geführt und jedes Versprechen seinem Inhalte nach angegeben wird. Bei B. finden wir nur das Versprechen der Venus näher bezeichnet. K. — V. 1913 u. ff. — stellt die Sache so dar, dass zunächst jede Göttin einzeln dem Paris die Gründe angiebt, mit welchen sie auf den Besitz des Apfels Anspruch erheben kann. Keine vergisst natürlich, dabei ihrer Schönheit Erwähnung zu thun, wie wir bereits gezeigt haben. Diese Scene ist somit dieselbe, welche sich im me. Gedichte vor der Anwesenheit des Paris abspielt. K. — V. 2586 u. ff. — erzählt, dass Juno, als Paris mit seiner Entscheidung zögert, den Anfang damit macht, sich durch hohe Versprechungen die Gunst des Paris zu erwerben. Die beiden andern Göttinnen folgen ihrem Beispiele. Die Schilderung dieser Scene befindet sich im me. Gedichte H. V. 430 — V. 452. Den Vergleich derselben hat schon Greif — s. S. 101 u. f. — geführt. Wir fügen nur noch hinzu, dass in der Hs. H. das Versprechen der Pallas nicht angegeben wird, und Juno's Versprechen ist ursprünglich das der Pallas — H. V. 436: Thou shalt be wyse . . . Paris aber erteilt den Apfel der Venus, die ihm das schönste Weib versprochen hatte.

K. V. 2800:	Paris erzählt seinem Vater — H. V. 458:
kein frouwe mac iu sîn gelîch	
an êren und an werdekeit	Venesse was fayrer thanne þre
der crône ist wol an iuch geleit	
und der apfel schœne.	Therefore I grauntt[55]) her to have
	That appul . . .

Sowohl bei Konrad als auch in der Hs. H. des me. Gedichtes ist das Parisurteil nicht zum Gegenstande eines Traumes gemacht, wie es B. und nach ihm der Verfasser der Hs. L. des me. Gedichtes dargestellt hat. Wir haben früher nachgewiesen, dass abgesehen von den Zusätzen die Darstellung des Apfelstreites im me. Gedichte, besonders in H., sich eng an diejenige B.'s anschliesst. Wir können daher annehmen, dass der me. Dichter die Erweiterungen bereits in der ihm vorliegenden Hs. des Trojaromans von B. vorfand. Wir haben schwerwiegende Gründe dafür geltend gemacht, dass Konrad ebendieselbe Fassung des altfranzösischen Trojaromans benutzte, und erklären aus diesem Umstande die gleichartige Erweiterung des Berichtes über das Parisurteil im me. und mhd. Gedichte. Indem nun Konrad den Apfelstreit zu einer Episode der Hochzeit des Peleus und der Thetis machte, somit vorweg nahm, was in der altfranzösischen Vorlage Paris zur Begründung

---

[55]) So die Hs.; Zietsch; ther fore, graunt.

seines Anspruches auf die Leitung des trojanischen Heeres anführte, sah er sich genötigt, an letzterer Stelle eine Änderung vorzunehmen, wenn er sich nicht der Wiederholung schuldig machen wollte. Er hat diese Aufgabe in der denkbar glücklichsten Weise gelöst. Er lässt zunächst im Anschluss an B.'s Darstellung den Paris erzählen — K. V. 18812 u. ff. — wie derselbe sich auf der Jagd verirrt und sich an einer Quelle niedergelassen habe, um auszuruhen. Das Weitere gehört K.'s eigner Erfindung an. Paris beklagt sich in der Einsamkeit, dass Venus das ihm gegebene Versprechen noch nicht eingelöst habe. In demselben Augenblicke erscheint Mercur und überreicht jenem einen Brief der Venus. Diese teilt dem Paris mit, dass sie ihm in einem Kriege gegen die Griechen zum Siege und zugleich zum Besitze der Helena, der schönsten aller Frauen, verhelfen werde. Im me. Gedichte sagt Venus zuerst nichts über die Nationalität der schönsten Frau. Nachdem ihr aber Paris den Besitz des Apfels zuerkannt hat, sagt sie ihm aus Dankbarkeit ihre Unterstützung in einem Kriege gegen die Griechen und bei der Erwerbung der schönsten Frau zu —

K. V. 18906:	H. V. 466:
dû solt bald in der Kriechen lant	Whanne thou wilt[55]) to Grece gone
nû strîchen unde kêren.	
dâ maht dû wol gemêren	For no þyng the no drede
dîn lop und dîne wirde.	With out dought þou shat welle spede
K. V. 18912:	
Helêne diu wirt dir gegeben	
	H. V. 469:
ze wîbe und z'einer frouwen	The fayrest lady þat bereth lyfe
18915:	
. . . ir wunneclîcher lîp	
vil schœner ist den alliu wîp	Thou shat wynne to be þy wyfe
diu man siht ûf der erden.	

Aus dieser dem me. und dem mhd. Gedichte gemeinsamen Darstellung können wir folgern, dass eine ähnliche in der gemeinschaftlichen altfranzösischen Quelle vorhanden gewesen ist.

Wir kommen nun zur Besprechung derjenigen Episoden des me. und des mhd. Gedichtes, welche B. überhaupt nicht kennt.

D.

Die Erzählung vom Traume der Hecuba und die Jugendgeschichte des Paris.

Die Erzählung vom ahnungsvollen Traume der trojanischen Königin ist der XVI. Heroïde Ovids entlehnt und findet sich auch in der Hs. G des Trojaromans von B., über die wir in der Einleitung eingehender gesprochen haben. Die Interpolation

Malkaraumes, der die Hs. G gefertigt hat, verdient es, mit den inhaltlich ihr entsprechenden Partien des me. und mhd. Gedichtes verglichen zu werden.

Nach der Rede des Helenus[56]) schiebt Malkaraume folgende Rede der Hecuba ein, welche, wie die des Helenus, den Zweck hat, die Feldherrnschaft nicht in die Hände des Paris gelangen zu lassen. Nachdem der me. Dichter die Rückkehr des Priamus und seiner Familie in die zerstörte Stadt gemeldet hat, macht er die Söhne des Priamus namhaft und knüpft an den Namen des Paris die Erzählung vom Traume der Hecuba und die Jugendgeschichte des Paris.

	H. V. 209:
. . . ains qu'anfantai	That nyght that Alisaunder was begeteth
Alixandre Paris songeai	A mervelous dreme his moder dremeth
Que j'anfantoie I grant brandon	That out of her body sprong a brond
De feu ardant qui anviron	That brent Troye and all the lond
Ardoit de Troye la noblesse	
Tex visions mon cuers trop blesse	H. V. 214:
Consilla moi à la clergie	She sent for clerkys in grete hastyng
Si me dirent celle maignie:	And tolde hem her dremyng . . .

Wenn sich Paris eine Frau aus Griechenland hole, so werde er die Zerstörung Troias verursachen.

Die Weisen deuten den Traum —

H. V. 220: In thi body a chyld þere is
That shall Troy to shame bryng
Thorough his foly

Konrad teilt den Traum gleich am Anfange seines Epos mit —

V. 350: und dô si (Hecuba) swanger worden was
dô viel ûf si der sorgen soum
wande ir kom ein leider troum
in ir slâfe nahtes für

V. 356: . . . von ir herzen lûhte — ein vakel des geloubent mir —
diu gewahsen wære ûz ir — und alsô vaste wœre enzunt —
daz si Troye unz an den grunt — mit ir fiure brande.

Die Königin erzählt aber ihren Traum nicht den Sehern, wie es Ovid und nach ihm Malkaraume und der me. Dichter darstellen, sondern ihrem Gatten, der auf Grund des Traumes befiehlt, den Säugling zu töten. Diese Darstellungsweise erklärt sich, wie Greif[57]) nachgewiesen hat, aus der Benutzung der

---

[56]) nach B. V. 3966.
[57]) s. daselbst S. 95.

Ilias des Simon capra aurea. Nach Malkaraume lässt die Königin den Säugling im Walde aussetzen. Nach der Darstellung des me. Gedichtes ist Paris bereits sieben Jahre alt, als Hecuba, ihres Traumes eingedenk, auf den Gedanken kommt, den Knaben einem Schweinehirten anzuvertrauen, damit er des Gebrauches der Waffen unkundig bleibe — s. Hs. L. V. 249 u. ff. Malkaraume lässt Hecuba sagen: Esparnier cuida cette voie — wonach Paris die Zerstörung Troias herbeiführen soll —

	H. V. 224:
Je prins Paris et si l'anvoie	And though it shuld not be soo
En la forest . . .	Whanne he was born she sent him
A la garde dou bois norrir.	Too an herd to kepe swyn.

Weiterhin berichtet Malkaraume vom Liebesverhältnisse zwischen Paris und Oinone, von dem Konrad V. 706 u. ff. erzählt, das aber der me. Dichter fortgelassen hat, obgleich er davon wusste. Denn er sagt von der Rückkehr des Paris nach Troja — H. V. 243:

His wiff his chyldren he toke with him
And hastily in to Troy they entred in.[54])

Die me. Darstellung des Aufenthaltes des Paris beim Hirten bringt uns wieder zu Konrad zurück. Paris veranstaltet in Gemeinschaft mit den andern Hirtenknaben Kampfspiele — H. V. 231 u. f. — K. V. 618 u. f. Wer sich durch Tapferkeit auszeichnet, dessen Haupt schmückt er mit einem Kranze — K. V. 235 u. f. — K. V. 624 u. ff. Paris wird er genannt, weil er ein gerechter Schiedsrichter ist — H. V. 237 u. f. — K. V. 662 u. ff. Der me. Dichter erzählt, dass Paris gern Bäre und Stiere mit einander kämpfen sah — H. V. 231 u. ff. — und sagt dann —

H. V. 235: And where he sawe þoo þat were strong
He crowned þem with a garlond.

Dieser Ausspruch kann ganz allgemein aufgefasst, also auf Personen, auf die Altersgenossen des Paris, die Hirtenknaben bezogen werden, welche nach K.'s Bericht — V. 618 u. ff. — sich gemeinschaftlich an Kampfspielen erfreuten. Bringt man aber obige Verse in Verbindung mit den vorangehenden, so folgt daraus, dass Paris starke und tapfere Tiere ehrend schmückte. K. bestätigt dies — V. 646.

swaz dâ gesigte bî der stunt — ez wære ein ohse, ez wære ein wider — daz reht enleit er dô niht nider — wan er im eine crône satzt ûf sin houbet schône.

---

[54]) Die Hs. hat so; dagegen schreibt Zietsch: hastely, entered.

Malkaraume hat ausser dem Liebesverhältnisse des Paris zu Oinone nichts über den Aufenthalt desselben im Walde erwähnt. Wir lassen daher mit Greif die Vermutung nicht aufkommen, dass der me. Dichter und K. die Hs. G des Trojaromans von B. benutzt haben. Übrigens hat Malkaraume die Interpolation an ganz andrer Stelle bewirkt, als sie im Hinblick auf das me. und das mhd. Gedicht erwartet werden könnte. Wir durften aber die Hs. G. hier nicht unerwähnt lassen. Denn ihre Gestalt gestattet uns die Annahme, dass es auch einen im Sinne Konrads und des me. Dichters erweiterten Trojaroman des B. gegeben hat.

E.

Über die Herbeiholung des Achilles ins griechische Lager.

Die antike Quelle für diesen Bericht ist die Achilleis des Statius.[59]) Das steht ausser allem Zweifel. Wir haben hier nur die Frage zu erörtern, ob der me. und der mhd. Dichter selbständig und aus eignem Antriebe die höchst bedeutsame Episode einfügten, oder ob dieselbe in der ihnen vorliegenden Fassung des Trojaromans von B. vorhanden war. Wir entscheiden uns für die letztere Annahme und bringen im Folgenden die erforderlichen Beweisgründe dafür bei.

Zu diesem Zwecke müssen wir uns zunächst darüber Klarheit verschaffen, an welcher Stelle ihrer Gedichte Statius, Konrad und der me. Dichter über die Herbeiholung des Achilles berichten, und in welcher Weise sie den Eintritt eines so wichtigen Ereignisses vorbereiten, bez. begründen.

1. Die Achilleis des Statius.

Die Griechen sind in Aulis angekommen — I. V. 447 u. ff. Nicht fehlt es ihnen an kriegskundigen und erprobten Helden, wie die Namen eines Menelaus, Agamemnon, Tydides, Sthenelus, Antilochus, Aiax und Ulixes bezeugen. Gleichwohl vermissen alle die Anwesenheit des Achilles, dessen kriegerische Ausbildung durch den Centaur Chiron ganz Griechenland mit stolzer Hoffnung erfüllt hat. Auch erinnert man sich, dass Achilles im Styx gebadet worden ist — I. V. 480 u. ff. Achilles allein ist dem Hektor gewachsen. Er allein wird das Schicksal Trojas entscheiden können — I. VV. 467—81. Keiner der Griechen aber weiss, wo Achilles sich augenblicklich befindet. Daher fordert der kampfeslustige Protesilaus den Seher Calchas auf, die Götter um Aufschluss über Achilles zu bitten — I. V. 493 u. ff. Calchas bezeichnet — I. V. 532 — Lycomedis . . . tellus als den gegenwärtigen Aufenthaltsort des Achilles. Ulixes übernimmt die Abholung des Jünglings — I. V. 538 u. ff.

[59]) s. Cholevius (S. 137, ff.) und Dunger (S. 46, ff; 52, ff.).

2. Der trojanische Krieg Konrads von Würzburg.

Die erste Feldschlacht vor Troja ist geschehen. Die Troer haben infolge der gewaltigen Heldenthaten Hektors einen glänzenden Sieg über die Griechen erfochten. Diese haben den Verlust eines ihrer trefflichsten Helden, des Protesilaus, zu beklagen. Auch er ist unter Hektors gutem Schwerte gefallen, wie gar viele seiner Landsleute — bis V. 26210. Agamemnon macht hierauf im Kriegsrate den Vorschlag, dem Priamus mitteilen zu lassen, dass die Griechen bereit seien, das trojanische Gebiet zu räumen, sobald ihnen Helena zurückgegeben werde. K. hat sich hier die grösste Freiheit im Anschlusse an B.'s Darstellung gestattet, der zufolge die griechischen Gesandten nach Troja abgehen, ehe überhaupt der Belagerungskampf begonnen hat. Den Tod des Protesilaus berichtet B. V. 7483 u. ff. Übereinstimmend mit B. erzählt K., dass die Gesandten Ulixes und Diomedes unverrichteter Sache aus Troja zurückkehren. Ulixes erklärt dem Agamemnon, dass ein Held gesucht werden müsse, der fähig sei, Hektor zu überwinden — bis V. 27073. Nach langem Überlegen, wer dieser Held sein möge, erinnert man sich des Achilles, durch dessen Heldenkraft der Weissagung zufolge Troja fallen soll — bis V. 27127. Da der gegenwärtige Aufenthaltsort des Achilles unbekannt ist, so muss darüber Calchas auf allseitigen Wunsch die Götter befragen. Über das Weitere vergleiche man Statius, nur ist zu bemerken, dass K. V. 27372 Tŷros für Scyrus schreibt.

3. Das me. Gedicht Seege oder Batayle of Troye.

Hier erfolgt die Herbeiholung des Achilles erst zu Anfang des vierten Kriegsjahres oder während des der dritten Schlacht folgenden Waffenstillstandes. Der Tod der Helden Protesilaus und Patroclus ist bereits gemeldet worden, und wir sehen uns zu B. V. 10942 versetzt. Dort endigt die Rede Agamemnons, der soeben als das Ziel folgender Schlachten die Vernichtung Hektors, Achilles als den ebenbürtigen Gegner Hektors bezeichnet hat. Das Weitere hierüber befindet sich im ersten Teile[60]) der Abhandlung. Im me. Gedichte musste natürlich die Rede Agamemnons, bez. des Menelaus — H. V. 991 u. ff. — wesentlich anders ausfallen, da ja bis dahin Achilles gar nicht erwähnt worden war. Der König ermahnt nur die Griechen, künftighin die Vernichtung Hektors anzustreben. Drauf entgegnet Palamedes — sir Palmydes: H. V. 1000 — dass nur éin Sterblicher werde Hektor überwinden können. Dieser sei Achilles. Solches und vieles Andere will Palamedes in den Sternen gelesen haben, und er nennt als gegenwärtigen Aufenthaltsort

---

[60]) s. o. S. 40 u. ff.

des Achilles den Hof des Königs Lycomedes — H. V. 1043: Sir Likamedes — von Parpaty: Parpachi H. V. 1039 u. V. 1056. Dorthin schickt Menelaus Gesandte, welche den hoffnungsvollen Jüngling herbeiholen sollen — H. V. 1054 u. ff.

Diejenigen nun, welche behaupten, dass Konrad und der me. Dichter die Einfügung der Achillesepisode ganz selbständig unternommen haben, fragen wir: Warum lässt Konrad abweichend von der Darstellung des Statius die griechische Gesandtschaft nicht schon von Aulis aus nach Scyrus abgehen? Hat doch Statius die Herbeiholung des jugendlichen Helden ganz gut begründet! Warum müssen — nach Konrad — die Griechen erst nach einer grossen Niederlage an Achilles erinnert werden? In derselben Schlacht fällt sogar Protesilaus, derselbe, der nach Statius darauf dringt, dass Calchas den Aufenthaltsort des Achilles bekannt macht. Der me. Dichter weiss von Aulis überhaupt nichts. In dem Bestreben, sowohl Hektor in einem glänzenderen Lichte erscheinen zu lassen, indem derselbe drei Jahre lang vollständig die Situation beherrscht, als auch den Ruhm des Achilles zu erhöhen, indem die Ankunft des Achilles dem Tode Hektors möglichst nahe gerückt wird, setzt er — der me. Dichter — die Herbeiholung des Achilles in den der dritten Schlacht folgenden Waffenstillestand. Patroclus ist längst eine Leiche, als Achilles im griechischen Lager sich einstellt. Obgleich nun die Herbeiholung des Achilles in weit spätere Zeit verlegt ist, als es im mhd. Gedichte der Fall ist, so wird doch in beiden Gedichten dasselbe Ereignis durch denselben Umstand herbeigeführt, und zwar durch den unglücklichen Kampf der Griechen gegen die Troer. Diese Erscheinung lässt sich nur aus der Quellengemeinschaft des me. und mhd. Gedichtes erklären. Wir nehmen daher an, dass sich die Achillesepisode bereits in der dem me. und dem mhd. Dichter vorliegenden Fassung des Trojaromans von B. vorfand. Ehe wir die weiteren Beweisgründe für die vorstehende Behauptung beibringen, versuchen wir zu erörtern, an welcher Stelle des ursprünglichen Roman de Troie von B. die Achillesepisode eingefügt war, und wie weit sich die Rückwirkung derselben fühlbar machte.

Da des Achilles Klage um Patroclus bei K. V. 38792 u. ff. Anschluss an B.'s Darstellung aufweist, und da Achilles von seinem Freunde bei der Ankunft im Lager — K. V. 29512 u. ff. — herzlich empfangen wird, so steht ausser allem Zweifel, dass in der von uns angenommenen erweiternden Bearbeitung des Trojaromans von B. die Achillesepisode dem Tode des Patroclus voranging. Sie folgte dem Tode des Protesilaus, wie es sowohl im me. als auch im mhd. Gedichte der Fall ist. Die Schilderung der ersten Schlacht, in der Protesilaus fällt, schliesst mit B. V. 7561. An dieser Stelle erfolgte jedenfalls die Interpolation. Zugleich machte sie einige Änderungen im Vorangehenden des Originals des Trojaromans von B. notwendig. So musste der Name des Achilles im Schiffskataloge — B. V. 5137 u. ff. — und in der Beschreibung der hervorragenden griechischen Helden gestrichen werden. Die Befragung des Orakels zu Delphi, welche nach B. V. 5784 und Dares, XIV, Achilles unternimmt, musste einem Andern übertragen werden. Im me. Gedichte — H. V. 768 — ist Ulixes für Achilles eingestellt worden. Konrad hat die Befragung des Orakels überhaupt fortgelassen, bietet uns aber zum Ersatz die wunderbare Erzählung aus Ovids Metam. XII[61]) von der Schlange und den neun Vögeln — K. V. 24162 u. ff. Ferner bedingte die Achilleepisode das Fortlassen des Berichtes über den von Achilles und Telephus nach Mysien unternommenen Feldzug — B. VV. 6497—635.

Wie wir oben dargelegt haben, begründen der me. und der mhd. Dichter gemeinsam die Herbeiholung des Achilles durch die anfangs unglücklichen Kämpfe der Griechen gegen die Troer, während Statius die Gesandten nach Scyrus abgehen lässt, ehe die Belagerungskämpfe begonnen haben. Wir haben dieses Zusammengehen Konrads mit dem me. Dichter als ersten Grund unserer Behauptung geltend gemacht, wonach die Achilleepisode bereits in der von jenen beiden Dichtern benutzten Fassung des Trojaromans von B. vorhanden gewesen sein soll. Wir können unsre Ansicht durch weitere Beweisgründe stützen.

Nach Statius — I. V. 474 u. ff. — hat die vortreffliche, kriegerische Ausbildung des Achilles unter dem Centaur Chiron alle Griechen mit der Überzeugung erfüllt, dass Achilles der ebenbürtige Gegner Hektors sein werde. Zugleich erinnert man sich, dass Thetis einst den Sohn im Styx badete. Darum verlangen alle die Herbeiholung des hoffnungsvollen Jünglings. Nach K. stellen die Griechen dieselbe Forderung auf Grund der Weissagung des Proteus, der zufolge Troja durch die Heldenkraft des Achilles fallen soll — K. V. 27122 u. ff. Der Palamedes — Palmydes — des me. Gedichtes hat in den Sternen gelesen, dass Achilles den Hektor töten werde — H. V. 1009 u. ff. Statius sagt nur —

I. V. 474: Nomen Achillis amant, et in Hectora solus Achilles
Poscitur. Illum unum Teucris Priamoque loquuntur — Fatalem

und erwähnt dann die Erziehung des Achilles bei Chiron. Nach Statius halten somit die Griechen den Achilles ob seiner Tüchtigkeit für den Sieger über Hektor. Der Darstellung des

---

[61]) s. Bartsch, Albrecht von Halberstadt CVIII; Dunger S. 54.

me. und des mhd. Gedichtes zufolge ist Achilles zugleich durchs Schicksal zum Sieger über Hektor bestimmt. Doch allen Griechen ist der gegenwärtige Aufenthaltsort des Achilles unbekannt;

K. V. 27130:	H. V. 1013:
iedoch enwas niemanne kunt	But how A. was ibore
wâ der vil tugentbære	It is nouht knowyn eueri where.
von sîner muoter wære	
verborgen bî den jâren.	

Hier zeigen die beiden mittelalterlichen Gedichte mehr Verwandtschaft zu einander, als zur Achilleis des Statius — I. V. 499. Protesilaus ruft dem Calchas zu:

Cernis, ut ignotum cuncti stupeantque petantque Æaciden?

Der Palamedes — Palmydes — des me. Gedichtes erzählt — H. V. 1017 u. ff. — den Griechen das Wichtigste über die Vergangenheit des Achilles, Er macht irrtümlicher Weise den Peleus zum Centaur, verwechelt ihn also mit Chiron. Schon der Säugling Achilles kündigte einen zukünftigen Helden an. Darum badete ihn die besorgte Mutter in Zauberwasser — water of enchauntement: H. V. 1026 — welches ihn unverwundbar machte bis auf die Fusssohlen. Diese blieben infolge des Umstandes, dass die stützende Hand der Mutter ihre Berührung mit dem Zauberwasser verhinderte, die einzig verwundbare Stelle am Körper des Achilles. Der me. Dichter unterlässt es nicht, schon hier auf diesen verhängnisvollen Punkt besonders aufmerksam zu machen — H. V. 1031. In der Hs. L. lesen wir ferner, dass Achilles bereits als siebenjähriger Knabe hervorragende geistige und körperliche Fähigkeiten besass, dass er unter der Leitung seines Vaters weit hinaus schwamm ins Meer, Löwen und Wölfe bändigte — L. V. 1171 u. ff. Hier ist also dem Peleus die Rolle Chirons weiter belassen. Der Hs. H. fehlen diese Mitteilungen über den Aufenthalt des Achilles bei Chiron. Als Thetis — Dame Tytes: H. V. 1033 — in den Sternen gelesen hatte, dass ihr Sohn vor Troja den Heldentod sterben sollte, legte sie ihm Frauenkleider an und brachte ihn an den Hof des Königs Lycomedes — Likamedes: H. V. 1043; Lycamydes: L. V. 1193 — im Lande Parpaty,—chy: H. V. 1039 u. 1056; Parchy: L. V. 1189; Die Pseudo-Schwester des Achilles wurde alsbald die Herzensfreundin der schönen Deïdamia, der Tochter des Lycomedes. Dieser schlüpfrigen Anekdote widmet der me. Dichter nur drei Verse —

H. V. 1051: Soo long was Achylles in her boure
With the Maydens of anowre
The kyngis doughter with chylde was.

während sie Konrad — V. 14644 — V. 17321 — mit sichtlichem Behagen zu einem kleinen Roman erweitert hat.

Konrad hat die Jugendgeschichte des Achilles weder an der Stelle eingefügt, wo sie der me. Dichter mitteilt, noch sie, wie dieser, im Zusammenhange gegeben. Den ersten Teil derselben, welcher hauptsächlich den Aufenthalt des Achilles bei Chiron zum Gegenstande hat, schliesst K. — V. 5768 u. ff. — an die Beschreibung der Hochzeit des Peleus und der Thetis an. Der zweite Teil der Episode berichtet über die Entführung des Achilles von Chiron zu Lycomedes auf Scyrus und über die Erlebnisse des Jünglings daselbst und folgt bei K. — V. 13398 u. ff. — der Mitteilung vom Wiederaufbaue Trojas. Nach K. V. 13602 u. ff. erbittet sich Thetis ihren Sohn unter dem Vorwande von Chiron zurück, dass sie ihn, Achilles, durch baden in einem wunderthätigen Brunnen unverwundbar machen wolle. Dieses Bad erfolgt aber nach Statius weit früher und zwar, ehe Achilles dem Chiron übergeben wird. Nach Stat. Achilleis I. V. 133 u. ff. stellt Thetis dem Chiron Achilles mit den Worten vor:

. . . saepe ipsa, nefas! sub inania natum
Tartara et ad Stygios iterum fero mergere fontes.

Als Thetis zurückkehrt zu Chiron, um Achilles zu entführen, spricht sie diesem gegenüber vom Bade im Styx als von etwas längst geschehenem — Stat. Achill. I. V. 268, ff.:

. . . si terras humilemque experta maritum
Te propter, si progenitum Stygos amne severo
Armavi — totumque utinam! — cape tuta parumper
Tegmina, nil nocitura animo.

Die tuta tegmina sind die Frauenkleider, welche Achilles jetzt anlegen soll. Bei Konrad erfahren wir nicht, ob das Bad wirklich erfolgt ist. Entscheiden wir uns für die positive Annahme, so bemerken wir bei Konrad als auch beim me. Dichter eine im Hinblick auf die Darstellung des Statius umgekehrte Reihenfolge der Thatsachen. Dieser Umstand liefert wiederum einen Beweisgrund für unsere Behauptung, dass die Achillesepisode bereits in der vom me. und dem mhd. Dichter benutzten Fassung des altfranzösischen Trojaromans vorhanden gewesen ist. Es ist schon darauf hingewiesen worden, dass der me. Dichter Chiron mit Peleus verschmolzen hat. Greif nimmt daher an, dass der me. Dichter die Achilleis des Statius bei der Abfassung seines Gedichtes nicht zur Hand gehabt, sondern sie nur aus dem Gedächtnisse verwertet habe. Da also die Achilleis dem me. Dichter nicht vorlag, jene Verschmelzung aber in beiden Hss. wahrzunehmen ist, so war sie jedenfalls auch im me. Original vorhanden. Wir erklären dies in folgender Weise:

Wir haben im Verlaufe unserer Abhandlung öfter gesehen, dass es der me. Dichter mit den Namen der Helden und den ihnen zukommenden Rollen nicht genau nimmt, dass er besonders kein Freund von vielen Namen ist. Nun war vielleicht in der Achillesepisode der ihm vorliegenden Hs. des altfranzösischen Trojaromans nächst den Eltern des Achilles der Ausbildung desselben durch den Centaur Chiron nur in Kürze gedacht. Daher liess der me. Dichter die Person des Chiron einfach fort, übertrug aber dessen Eigenschaften auf Peleus. Weiterhin unterdrückte er jegliche Mitteilung über die Erziehung des Achilles bei Chiron, behielt dagegen den Bericht über das Bad im Styx bei. Letzterer wird somit in der vermuteten französischen Vorlage auch der Beschreibung der Erziehungsmethode Chirons gefolgt sein. Wenn wir in der Hs. L. des me. Gedichtes Einiges über die Ausbildung des Achilles an ursprünglich richtiger Stelle — L. V. 1171 ff. — vorfinden, so verdanken wir dies dem Schreiber, nicht dem Dichter.

Obgleich bei Konrad die Mitteilung vom Bade im Styx nur in Gestalt eines Vorwandes erscheint, so ist sie doch in derselben Weise eingeleitet wie im me. Gedichte —

K. V. 13602:	H. V. 1023:
sît daz Achilles hât gewant	ffor . . .
ze strîte sîn gemüete gar:	that he shull be stronge in bataylle
so wolle sie, Thetis, „mit	She baþed him verament
Arzenîe" ihn unverwunbar machen;	Of water of enchauntement.

sie kenne einen Brunnen —

K. V. 13635: ob er dar inne wirt gebadet — daz im kein wâfen denne schadet.

Der me. Dichter sagt, dass durch jenes Bad die Haut des Achilles hart wie die eines Walfisches wurde —

H. V. 1029: Save the soles of his fete
There his moders handes sett
And sythen he was slayne þere.

Nach Stat. Achill. I. V. 480 u. f. erhielt sie die Härte des Eisens:

Quemve alium Stygios tulerit secreta per amnes
Nereis et pulchros ferro praestrinxerit artus?

Dass von dieser Vergünstigung die Fusssohlen ausgeschlossen blieben, erwähnen weder Statius noch K. Letzterer musste schon deshalb darüber schweigen, weil er das Bad als Vorwand, nicht als Thatsache betrachtete. Welcher antiken Quelle der Interpolator des altfranzösischen Trojaromans jene Bemerkung entnommen hat, lässt sich nicht mit Bestimmtheit angeben.

Doch ist die teilweise Unverwundbarkeit eines Helden ein im Mittelalter sehr beliebtes poëtisches Motiv. Dasselbe wirkte umgestaltend auf B.'s Bericht über den Tod des Achilles, wie im ersten Teile der Abhandlung — s. S. 54 — gezeigt worden ist.

Ferner ist die Einleitung zum Berichte über die Entführung des Achilles nach Scyrus im me. und im mhd. Gedichte dieselbe. Konrad — V. 13402 u. ff. — erzählt, dass sich Thetis bei der Kunde vom Wiederaufbaue Trojas an die Weissagung des Proteus erinnert, wonach Achilles vor Troja fallen soll. Dasselbe liest nach dem me. Dichter — H. V. 1033 u. ff. — Thetis in den Sternen. Sie beschliesst deshalb, ihren Sohn zu verbergen —

K. V. 13412:	H. V. 1033:
daz er ze Troye würde erslagen	. . . Tytes
daz hete man ir vor geseit:	Loked vppon þe furmament . . .
dâ von si trûren und leit	And sauwe þeryn with outyn fayle
slôz aber in ir herze dô.	He xall be slayn in Troye batale.
K. V. 13440:	
ich sol behüeten und bewarn	His moder therfore was full woo
daz er niht kom ze strite	
vür Troye in sîner zîte	And þought it shuld not be soo
und er dâ werde niht erslagen.	She sent him in to Parpaty
	In Maydens wede sekerly.

K. V. 13940 u. ff.: Entschluss der Thetis, Achilles nach Scyrus zu bringen;
„ „ 14059 „ „: Ankunft in Scyrus;
„ „ 14902 „ „: Achilles als Mädchen verkleidet.

Statius sagt nicht ausdrücklich, dass Thetis infolge der Weissagung des Proteus auf den Gedanken kommt, Achilles den Augen der Griechen zu entrücken. Er erzählt — Achill. I. V. 194 — dass die glänzenden Erfolge der chironischen Erziehung die Thetis veranlassen, den Sohn zu verbergen —

Achill. I. V. 198: At Thetis undisonis per noctem in rupibus adstans,
Quae nato secreta velit, quibus abdere terris
Destinet, huc illuc diversa mente volutat.

Jenes Zusammengehen des me. mit dem mhd. Dichter erklärt sich wiederum nur durch unsre Annahme, dass ihnen eine erweiternde Bearbeitung des Trojaromans von B. vorgelegen hat.

Mit H. V. 1053 haben wir uns die Rede des Palamedes — Palmydes — geschlossen zu denken. Menelaus schickt Gesandte zu Lycomedes, der sie freundlich bewirtet. Die Speisekarte — H. VV. 1066—70 — bietet grosse Auswahl. Eine starkbesetzte Tafelmusik sorgt gleichzeitig für die geistige Erfrischung —

H. V. 1074: Diuerse melodye for to shewe
Of trumpis tabours and nakeres
H. V. 1076: Pypers sarsynners and symbaleris.

K. — V. 28204 u. f. — sagt bei derselben Gelegenheit:
man hôrte lûten under in — tambûren schellen phîfen.

Dem Festessen folgt Tanz. Die Königstochter Deïdamia eröffnet den Reigen. Ihr Partner ist Achilles im Frauengewande. Er verrät sich aber den griechischen Gesandten durch seine breite und hohe Gestalt. Hier bemerken wir wiederum ein Zusammengehen des me. mit dem mhd. Dichter —

K. V. 27752:
sîn starker lîp
der schœne was und ûfreht.
nû daz den wunneclichen kneht
die boten heten an gesehen
und si begunden bêde spehen
daz er unvröuweclichen tete.

H. V. 1082:
Achelles was long and grete with all
Brode brest and stought vysage
All þe knyghtis þat þere was
Behelden euermore on Achelles
And inwardly be hylden him
And seyd it was neuer woman
So large . . .

Ulixes zu Diomedes —
K. V. 27766: si müge wol sîn Achilles.

Bei Statius findet sich nichts Entsprechendes.

Als sich die griechischen Gesandten zur Ruhe begeben, beschliessen sie, ihrer Vermutung durch eine List Gewissheit zu verschaffen — H. V. 1092 u. ff. Zu diesem Zwecke wollen sie den Töchtern des Lycomedes und ihren Gespielinnen, unter denen sich ja Achilles befindet, Geschenke, „Broschen und Ringe“, zugleich aber eine Ritterrüstung vorlegen, indem sie überzeugt sind, dass Achilles nach derselben greifen werde. Der nächste Tag verläuft ähnlich dem ersten. Als die Jungfrauen nach dem Tanze die Geschenke vor sich ausgebreitet finden, erwählt sich Achilles sogleich die Ritterrüstung, legt dieselbe an und erklärt trotzig dem Könige Lycomedes, dass er kein Weib, sondern der starke Achilles sei. Gott möge ihn strafen, wenn er länger hier tanze. Vor Troja wolle er kämpfen, Zuvor verlange er zum Ritter geschlagen zu werden.

Aus dem ersten Teil dieser Rede geht hervor, dass Achilles, den doch die Natur vor allem zum kriegerischen Berufe befähigt hat, Reue über sein müssiges, weibisches Leben am Hofe des Lycomedes empfindet. Dieser Gedanke ist bei Statius nicht zum Ausdrucke gebracht — Achill. II. V. 178 ff.

At ferus Æacides . . .
. . . conspicit hastam;
Infremuit torsitque genas et fronte relicta
Surrexere comae; nusquam mandata parentis,
Nusquam occultus amor, totoque in pectore Troia est.

Dagegen finden wir der me. Darstellung Entsprechendes bei Konrad, V. 28356 u. ff:

	H. V. 1111:
halsperge, lanzen unde swert	Achilles beheld aryght
helm unde liehte schilte	The fayre armur þat was so bryght
besach der knappe milte	H. V. 1117:
mit flîzeclîchen ougen	And to þe kyng he seyd thenne
K. V. 28375:	
gedâhte in sînem muote des:	
bin ich der küene Achilles	Wenyst þow sir I were woman
den Schŷron erzogen hât	I am Achilles soo mote I the
wes trage ich denne wîbes wât?	Strenger thanne ony of þy men.

Die Ansprache des Ulixes an Achilles — K. V. 28409 u. ff. — hat der me. Dichter fortgelassen, desgleichen die Ausführung der oben verzeichneten Worte des Statius — K. V. 28483 u. ff. Den Hornisten Agyrtes kennt er ebenfalls nicht — Stat. Achill. II. V. 201; K. V. 28470 u. ff., so dass das Sehen und Anlegen der Rüstung unmittelbar auf einander folgen. Dass Achilles seinem Wunsche gemäss von Lycomedes zum Ritter geschlagen wurde, erwähnt K. nicht — H. V. 1127 u. ff. Die Deïdamia hat der me. Dichter wieder vergessen, und er meldet sogleich — H. V. 1134 — die Ankunft des Achilles im Lager der Griechen, wo das Ereignis allgemeine Freude hervorruft —

K. V. 29482:	
sus kamen si dô sâ zehant	
ze Troie in sneller île	
K. V. 29490:	
daz dûhte ein wunnebærez dinc	H. V. 1133:
der Kriechen her gelîche	The Grekys were glad euerichon
si wurden vröuden rîche	
und hôhes muotes alle.	Whanne he was to Troye come.

Achilles wird herzlich begrüsst — von Menelaus —

K. V. 29496:	H. V. 1138:
ahŷ, wie manic willekume	Achilles . . .
des mâles im engegen flouc.	Thow art hertely welcome to me.

Die Begrüssung des Achilles durch Menelaus hat K. nicht ausdrücklich erwähnt. Dafür gedenkt er der Freundschaft zwischen Achilles und Patroclus. Wir haben bereits darauf hingewiesen, dass der me. Dichter hinsichtlich des Ortes der Einfügung der Achillesepisode von der Darstellung der altfranzösischen Vorlage, der K. gefolgt zu sein scheint, abgewichen ist, s. S. 77 u. ff. Doch stimmen der me. und der mhd. Dichter darin überein, dass mit der Ankunft des

Achilles der Waffenstillestand ein Ende nimmt. H. V. 1155 u. ff. K. V. 29643 u. ff.

Schon in der Einleitung haben wir daran erinnert, dass Malkaraume, der Schreiber der Hs. G des Trojaromans von B., nach V. 22519 des Originals 29 Verse interpoliert und die List des Ulixes am Hofe des Lycomedes irrtümlicher Weise mit Neoptolemus oder Pyrrhus, dem Sohne des Achilles, in Verbindung gebracht hat. Diese Interpolation zeigt übrigens nicht die geringste Verwandtschaft mit der Darstellung unserer beiden Gedichte. Dies ist ein zweiter Grund[62]) für unsre Behauptung, dass die Hs. G des Trojaromans von B. nicht die gesuchte Quelle sein kann. Das Gesamtergebnis unserer Untersuchung ist somit folgendes: Die gemeinschaftliche Quelle für das me. Gedicht Seege oder Batayle of Troye und für das mhd. Gedicht vom trojanischen Kriege des Konrad von Würzburg war eine erweiternde Bearbeitung des Roman de Troie des Bénoît de Ste.-More. Da eine solche bis jetzt nicht aufgefunden worden ist, so werden wir im Folgenden auf Grund unsrer Untersuchung ein übersichtliches Bild von der Gestalt der vermuteten Fassung des Trojaromans von B. zu entwerfen versuchen.

1) Die Einleitung B.'s — VV. 1—702 ist bedeutend gekürzt. Jedenfalls fehlt die Inhaltsangabe — VV. 141—702, vielleicht auch die Bemerkung über Homer — VV. 45—70.[63])

2) Während B. die Söhne des Priamus in der Reihenfolge: Hector — B. V. 2921 — Paris — V. 2925 — Troylus — 2931 — aufführt, setzt der Interpolator Paris zuletzt, um im Anschluss an diesen Namen den Traum der Hecuba und die Jugendgeschichte des Paris zu erzählen: s. o. SS. 4, 6, 18, 74 u. ff.

3) B.'s Bericht über die Verhandlungen des Priamus mit den Trojanern und den Griechen behufs Befreiung seiner Schwester aus der Gefangenschaft erfährt eine kürzende Umgestaltung — B. VV. 3195—532: s. o. SS. 6, 19, 20, 63 u. ff.

4) Die Darstellung des Apfelstreites der drei Göttinnen wird erweitert B. V. 3860 u. ff.: s. o. SS. 22—25, 70 u. ff.

5) Indem B.'s Bericht über die Begegnung des Menelaus mit Paris auf dem Meere — B. VV. 4203—20 — fortgelassen wird, ist Menelaus für die Dauer — ob für die ganze, lässt sich nicht bestimmen — des Aufenthaltes des Paris in Cythera anwesend: s. o. SS. 25, 27, 28, 67 u. f.

6) Paris täuscht die Griechen über den Ausgangspunkt und Zweck seiner Reise, während er nach B. — VV. 4283—98 — die Wahrheit spricht: s. o. S. 68 u. f.

---

[62]) s. o. S. 76.

[63]) Vergl. auch Cl. Fischer, der altfrz. Roman de Troie etc., D. D., Münster, Paderborn 1883.

7) Infolge der Rückwirkung der Achilleepisode verschwindet der Name des Achilles aus dem Verzeichnisse der griechischen Helden: B. V. 5137, ff. u. V. 5645, ff. Die dem Achilles von B. zugedachten Eigenschaften werden auf Ulixes übertragen. Dieser geht auch an Stelle des Achilles nach Delphi: B. V. 5784, ff. Der Bericht über den Feldzug des Achilles nach Mysien fällt fort: B. VV. 6496—635, s. o. SS. 6, 31 u. ff., 78 u. f.

8) Der Schilderung der ersten Schlacht vor Troia folgte die Achilleepisode — nach B. V. 7561 — s. o. S. 78 u. ff.

9) Letztere wirkt teils erweiternd, teils umgestaltend auf die Erzählung von den letzten Schicksalen des Helden — B. VV. 21668—22243; s. o. SS. 54, 80, 82, 83.

10) Die vermutete Fassung des altfranzösischen Trojaromans schliesst höchstwahrscheinlich mit dem Berichte über den Tod der Polyxena und Hecuba: B.V. 26484.

Weiteres kann über das der Achilleepisode Folgende nicht behauptet werden. Denn K.'s Gedicht bricht bereits mit B.'s Gemälde der dritten Schlacht — B. V. 10968 — ab, während der me. Dichter die drei ersten Schlachten und Ereignisse aus der vierten der Ankunft des Achilles vorangehen lässt. Auffällig aber ist, dass wir von B.'s Gemälden der 5., 6. und 7. Schlacht keinen Strich im me. Gedichte vorfinden: B. VV. 11875—14552, s. o. S. 42.

Alle übrigen Abweichungen des me. und des mhd. Gedichtes von der Darstellung B.'s, welche unter den obigen zehn Punkten nicht erwähnt worden sind, können auf die Rechnung des betreffenden Verfassers gesetzt werden. Der me. Dichter ist keineswegs originell, sondern reproduktiv. Aber sein Anschluss an die altfranzösische Vorlage ist zum grossen Teil frei und ungezwungen. Nirgends wird derselbe zur sklavischen Nachahmung. Der me. Dichter hat aus der reichhaltigen Quelle mit grossem Geschicke geschöpft. Nur in wenigen Fällen hat er die Historia des Dares zu Rate gezogen. Das Streben nach möglichster Kürze hat ihn oft bewogen, die Darstellung der französischen Vorlage zu ändern. Ein ungleich grösserer Dichter ist natürlich Konrad von Würzburg. Er bildet den Gegensatz zu seinem me. Kollegen. Er hat nicht nur die Absicht, sondern auch die dichterische Befähigung und die erforderliche litterarische Bildung, um die Darstellung seiner französischen Vorlage mit Neuem zu bereichern. Schon die Anlage seines Gedichtes zeigt ein hohes Mass von Selbständigkeit. Gleich am Eingange macht uns K. — VV. 325—6483 — mit den hervorragendsten Helden seiner Dichtung bekannt und lässt unsern Blick schweifen in weite Ferne. Denn er berichtet über den Traum der Hecuba, die Jugenderlebnisse des Paris, die Hochzeit des Peleus mit der Thetis. Zu diesem Feste kommt auch Hektor mit seinen Eltern, wird Paris herbeigeholt, um den Apfelstreit der drei Göttinnen zu schlichten. Weiterhin erfahren wir über die Weissagung des Proteus vom tragischen Ende des Achilles, über die Erziehung desselben durch den Centaur Chiron. Erst mit K. V. 6484 beginnt der Anschluss an die Darstellung der französischen Vorlage. Er hält an bis K. V. 13397. Der Dichter aber will nicht nur den Krieg, sondern auch die Liebe besingen. So erzählt er — K. VV. 13398—17340 — von der Übersiedelung des Achilles nach Scyrus und von der Liebe desselben zur Königstochter Deïdamia. Mit V. 17341 kommt K. auf die Darstellung der französischen Vorlage zurück und folgt ihr mit grosser Freiheit bis V. 20366, wo der ersten Begegnung des Paris mit Helena im Tempel von Cythera gedacht wird. Der Rest der Entführungsgeschichte der Helena — bis K. V. 22518 — ist eine selbständige Schöpfung K.'s auf Grund der Her. XVI und XVII Ovids.[64]) Mit V. 22519 nimmt K. den Anschluss an die Darstellung der französischen Vorlage wieder auf und folgt derselben im Allgemeinen bis V. 26918. Doch gestattet er sich bedeutende Abweichungen. So ersetzt er z. B. den Bericht B.'s über die Befragung des delphischen Orakels durch die ovidische Sage von der Schlange und den neun Vögeln.[61]) Unsrer Annahme zufolge fand K. in der ihm vorliegenden Hs. des Trojaromans von B. die Achilleepisode nach dem Berichte über die erste Schlacht — nach B. V. 7561 — bereits vor. Die Hälfte dieser Episode hat aber K. vorweg genommen, so dass er jetzt nur noch von der Herbeiholung des Achilles durch Ulixes und Diomedes zu erzählen hat — bis V. 29695. K. hat die Lebensgeschichte des Achilles mit grossem Geschick in seinen Roman eingeflochten. Gleich einem goldnen Faden durchzieht sie das Ganze. Die französische Fassung derselben genügte K. nicht. Deshalb sah er die Achilleis des Statius selbst ein und folgte ihr mit inniger Treue.[59]) K.'s Schilderung der der Ankunft des Achilles folgenden Kämpfe — bis V. 40424 — entspricht in den Hauptsachen B.'s VV. 8293—10997. — Der Fortsetzer des konradischen Gedichtes kann unser Interesse nicht beanspruchen, weil er der Darstellung des Dictys und Dares gefolgt ist.[65])

---

[64]) s. Cholevius, S. 140; Bartsch, Albrecht v. Halberstadt, S. XXVI, Dunger S. 53.

[65]) s. Dunger, S. 66.

Berichtigungen.

Man lese jusqu': S. 4, nule rien, S. 10; grant honte: S. 11; alions, sëurs: S. 12; sages: S. 16; destruite: S. 17; molt ert: S. 31, u., est r.: S. 40.

Man streiche ë in siü: S. 12; t in oït, nasquit, fendit: SS. 13, 26, 46, ein l in mollt, nulle: SS. 21, 34.

Man vergleiche L. V. 620 anstatt 621: S. 2;
H. V. 1703 „ 1701 S. 3;
B. VV. 2869, 3739, 7117, 16105 anstatt 2879, 3798, 1717, 26105: SS. 17, 21, 36, 45.

Vita.

Ich, Emil Theodor Granz, wurde geboren am 7. August 1861 zu Niederfrohna bei Chemnitz als Sohn des Gutsbesitzers Johann Gottlieb Granz und dessen Ehefrau Amalie Auguste Granz geb. Friedemann. Bis zu meiner Ostern 1875 erfolgten Konfirmation besuchte ich die Volksschule meiner Heimat, trat hierauf in die Quarta der Realschule I. O. zu Borna ein und bestand daselbst Ostern 1881 das Maturitätsexamen. Vom 20. April 1881 bis zum 30. Oktober 1885 war ich an der Universität Leipzig als Student der neuern Sprachen immatrikuliert und besuchte die Vorlesungen der Herren Professoren und Docenten Biedermann, Birch-Hirschfeld, Crusius, Ebert, Hermann, Heinze, Hofmann, Kögel, Masius, Ribbeck, Settegast, v. Strümpell, Wenck, Wolff, Wülker, Zarncke. Zu Michaelis 1883 bestand ich die Ergänzungsreifeprüfung am hiesigen Nicolai-Gymnasium. Vom 1. Oktober 1884 bis zum 1. Oktober 1885 genügte ich meiner Militärpflicht im Königl. Sächs. 8. Inf.-Reg. No. 107. Im November 1885 ging ich behufs meiner weiteren Ausbildung in der englischen Sprache nach London, arbeitete längere Zeit im Britischen Museum und wirkte vom 1. März bis zum 23. Dezember 1886 als Lehrer an einer Privatschule zu Brentwood, Essex. Vom 1. Januar bis zum 31. Mai 1887 hielt ich mich zu Neuchâtel in der Schweiz auf, um mich in der französischen Sprache zu vervollkommnen. Nach meiner Rückkehr nahm ich meine Studien an der Universität Leipzig wieder auf, besuchte die Vorlesungen des Herrn Professor Hildebrand und beteiligte mich an den Übungen des deutschen Seminars.

Allen meinen verehrten Lehrern, besonders den Herren Professoren Wülker und Zarncke, spreche ich hiermit meinen innigsten Dank aus.

www.ingramcontent.com/pod-product-compliance
Lightning Source LLC
Chambersburg PA
CBHW020809020726
47495CB00008B/2655

* 9 7 8 3 7 4 3 6 2 7 0 0 0 *